# 弱关系

萧果 著

SPM 南方传媒
广东人民出版社
·广州·

**图书在版编目（CIP）数据**

弱关系 / 萧果著 . —广州：广东人民出版社，2022.4

ISBN 978-7-218-14688-1

Ⅰ . ①弱… Ⅱ . ①萧… Ⅲ . ①人际关系学 Ⅳ . ① C912.11

中国版本图书馆 CIP 数据核字 (2020) 第 243176 号

RUO GUANXI

弱关系

萧果　著



**出 版 人：**肖风华

**责任编辑：**李力夫
**责任技编：**吴彦斌　周星奎
**装帧设计：**刘红刚

**出版发行：**广东人民出版社
**地　　址：**广东省广州市越秀区大沙头四马路 10 号（邮政编码：510102）
**电　　话：**（020）85716809（总编室）
**传　　真：**（020）85716872
**网　　址：**http://www.gdpph.com
**印　　刷：**三河市中晟雅豪印务有限公司
**开　　本：**880mm×1230mm　1/32
**印　　张：**7　　**字　　数：**121 千
**版　　次：**2022 年 4 月第 1 版
**印　　次：**2022 年 4 月第 1 次印刷
**定　　价：**49.00 元

**如发现印装质量问题，影响阅读，请与出版社（020-85716849）联系调换。**
**售书热线：（020）87716172**

前言

# 用最省力的方法为人生赋能

在中国人的传统观念中，所谓的“人脉关系”往往是指那些和自己关系亲密的人，比如亲人、朋友、同事、同学等。有事相求的时候，我们第一时间想到的也是这些人。不过，现实的情况总是让人大失所望——你以为自己朋友够多，但在关键时刻朋友都不知所踪；你以为熟人多了自然好办事，但认识的熟人基本没有用；你以为亲人是坚实的后盾，然而遇到困难时，亲人也不知所措……

很多人都陷入了这样的社交误区——以为决定自己未来成长与发展的，决定自己生活质量和思想层次的，一定是亲密的

“强关系”。但事实恰恰相反，真正能够决定你未来发展和人生成败的，往往是“弱关系”。

什么是“弱关系”呢？简单来说就是与“强关系”相对的社交圈子之外的人，大家彼此可能并不认识，也没有太多深入交流，比如朋友的朋友，同事的朋友，甚至陌生人。

在这个信息四通八达的时代，时代的发展把熟人关系拥有的优势击得粉碎，同时也把陌生人关系推到了人们的视线中。在人生道路上，重要的不是你与谁关系有多好，而是与你关系好的人有多少。我们需要做的是寻找机遇，以及探索各种可能性，所以不要拒绝和陌生人接触，而且要善用偶然的机遇和陌生的关系，如此才能使你在人生道路上省时省力。

一位社交学家说过，“正是强关系的这种特征，让熟人失去了助推我们飞得更高的可能性。”他还预言，未来将会是“熟人无用”的时代。熟人的作用将仅限于精神上的支持和心灵上的抚慰，那么人们所有的社交与资源都将依赖不怎么熟的关系，甚至陌生人。

因此，我们需要从一个全新的视角重新审视自我以及我们所拥有的人际关系，从熟人圈子中跳出来，迈向隐藏在我们身边却总被忽视的陌生人群，这是进步过程中最简单、最省力的获取有效资源的一种方式。因为陌生人可能从未在我们的生活中出现过，他们身上所带的资源是我们从没接触过的，而这些资源才是我们真正需要的，也是最能为我们的人生赋能的。

在社交网络时代，每个人都需要机遇，需要各种资源与稀缺信息，但又不知道如何与陌生人接触，也不善于利用那些偶然的机遇和陌生的关系。本书将帮助你解决这些难题，让你学会拓展“弱关系”，学会利用“弱关系”。最后你一定会发现，善用“弱关系”不仅是一种社交技巧，更是一种新型的思维模式。

其实，人的一生中，人际关系除了血缘关系和宗族关系，其余大部分是与陌生人建立的“弱关系”。那些真正厉害的人，他们更多关注的是“浅层社交”，即“弱关系”。

“弱关系”不仅能让你的好友人数有所突破，更能让你拥有一张无限扩展的人脉关系网。在这张人脉关系网中，你将彰显自身最大的价值，同时获得无限的可利用的资源，它们将为你的人生赋能，让你的未来拥有无限的可能性！

contents
目录

## 第一章　现实、困惑与惊喜



## 第二章　弱关系的“底层逻辑”

## 第三章 弱关系的“脱敏治疗”



## 第四章 大城市的吸引力法则

## 第五章 改变格局，敲掉非承重墙



## 第六章 在高价值区里做正确的事

# 第一章

# 现实、困惑与惊喜

## 两个不现实的世界与一个现实世界

### 设想 A：一个充满陌生人的世界

每个人从出生开始，便站在了一个陌生世界的门口，睁开眼睛看到的每一个人——包括父母，都是陌生人，随后才慢慢建立起亲子关系、朋友关系、师生关系、同事关系、恋人关系等。而这些关系建立之初，其实大家都是彼此的陌生人。

“加拿大总督功勋奖”获得者马尔科姆·格拉德威尔在《陌生人效应》中有一句话，大意是说在人的一生中，人际关系除了宗族关系和血缘关系，其余大部分关系都是与陌生人建立起来的。

从人类进化学的角度看，当我们与陌生人初次接触时，通常会产生一种天然感觉。这种感觉更像一种直觉，它会告诉我们对方是敌人还是朋友，我们应该保持警惕还是放松。不过，这种天然感觉并不完全准确，在某些情况下甚至是危险的。由此可见，如何与陌生人相处是非常重要的。

我们可以设想一下，假如我们生活在一个充满陌生人的世界，将会是一番怎样的情景呢？恐怕我们会感到恐惧、慌乱、闭塞与不知所措吧，就像坐在一节全是陌生人的拥挤的车厢中，大家都面朝前方，不言不语，偶尔有眼神上的触碰但也立刻转移过去。

在一个充满陌生人的世界里，人与人之间可能无法敞开心扉，因为陌生人无法给我们带来安全感，更无法成为我们的感情寄托。如果我们被陌生人欺骗或伤害，还有可能引发各种冲突，这个时候，我们是孤立无援的。

除此之外，每个人所拥有的这种不信任的关系还会增加社会的运行成本，让有效信息传达受阻，更容易让人情绪化。而且在这种关系之下，我们难以保证自己的人身安全，难以保证自己的利益不会受损，这对我们的心理其实也是一种考验，因为我们不得不直视人性的冷漠与道德的滑坡。

如果世界就是这个样子，那么世界或者人类的结局也就不言而喻了——从个人角度看，每个人到最后都可能会一无所有、孤独终老；从社会角度来看，社会可能会因为有效信息受阻而陷入一片混乱。

一个充满陌生人的世界是无法正常运行的，只要我们生活在这个世界上，就不可能完全与世隔绝，不与任何陌生人产生关系。哪怕我们身边全是陌生人，我们也不可能与他们完全不产生关系，因为，我们饿了，要去餐厅吃饭；渴了，要去超市买饮料；无聊了，会在网上聊天……

我们每天都会与无数陌生人擦肩而过，如果所有的接触只是为了让生活正常运行，没有任何感情上的连接，那么无论接触多少次，彼此之间都将保持着“陌生人”的状态。这样一来，人不就变成没有感情的机器了吗？

乍一看，陌生人都是冷漠无情的，难以给我们带来帮助。可事实上，陌生人也能在适当的时候给予我们希望和力量，因此，我们需要坦然面对这个世界上的陌生人，放下心中的芥蒂，让陌生的关系变得不再陌生，让陌生人为我们的人生赋能。

在现实世界里，每个人身边陌生人的数量远远大于熟人的数量。对我们而言，陌生人所占据的世界往往充满了各种可能性。所以，我们不仅要与熟人好好相处，更要与陌生人好好相处。人生的很多转折点，很多机缘，往往不是来自熟人，而是来自结识不久的新朋友，而这些新朋友就藏在不计其数的陌生人之中！

## 设想 B：一个没有陌生人的世界

我们正生活在一个关系网错综复杂的社会之中，我们面对着形形色色的人，也会与各种人发生各种各样的关系。就像在工作中，如果和上司关系和睦，我们就拥有更多被提拔的机会。这样看来，如果两个人都非常有才华，那么与上司关系好的人肯定会比与上司没什么关系的人更快获得晋升。

著名社会学家费孝通先生在《乡土中国》一书中提出了“熟人社会”的概念。他认为，我们生活的传统社会里，人际关系就是无数张庞大而复杂的关系网。在这张大网上，人与人之间都会有或多或少的关联，非亲即故，于是，会或多或少有所往来，因为相同的目的相交于某一点。

通过熟人关系的帮助，我们能更直接、更迅速地打开前进的“任意一扇门”。也因为如此，往往会破坏竞争的公平性和规则性，也会营造出一种腐败的社会现象，使得真正有才华的人被埋没。可以说，“熟人社会”是相对独立且封闭的，甚至是可以世袭的。

在传统的观念中，人要立足于社会，需要有一定的人际关系。“好关系”有助于我们办成事，但事实真是如此吗？我们不妨设想一下：一个没有陌生人的世界中大家彼此都很熟悉，一见面就是“嘿，朋友，今天你好吗……”，这时，似乎不会有所尴尬，但是也全然充满尴尬。

因为是认识的人，彼此都熟悉，所以很多时候我们不知道如何抉择。比如，在扶贫政策推行的进程中，我们不知道该把有限的帮扶指标分给谁。由于大家都是熟人，我们做一件事就会考虑到更多的人，此时，人与人之间不再比拼才华，而是拼关系亲密程度。如此一来，整个社会将毫无公平可言。

人们既痛恨小人走捷径捷足先登，也会因为自己拥有熟人关系窃喜不已。这看似矛盾，其实正是社会的常态。在一个没有陌生人的世界里，我们会渐渐丧失探索、求知的能力，我们会活得刻板、保守，而整个社会也会停滞不前。

## 设想 C：两个世界产生交集

一个人有没有可能永远生活在没有陌生人的世界里呢？答案是“有可能”，但必须与外界断绝联系，并且永远生活在同一个地方，这个地方更像是“世外桃源”。

在没有陌生人的世界里，所有人都了解你，你也了解所有人，彼此之间并没有探索价值。你的生活里充满了人脉关系，这些关系甚至凌驾于法律之上。

不过，这样的世界也存在一定的局限性，只有在信息不发达、交通不方便的年代才能稳定存在。如果人口开始流动，信息开始传递，我们会与陌生世界产生交集，没有陌生人的世界便会立刻坍塌瓦解。那些从村镇走向大城市的年轻人，便是从一个没有陌生人的地方走向陌生人世界的。

有的村镇便是典型的没有陌生人的“世界”。那里的大部分人都没有走出过村镇，世世代代生活在一起，相互之间都有一定关系——亲人、亲戚、朋友、邻居等。哪怕彼此之间没有关系，如果坐下来随便一聊，就能发现彼此之间还是有那么点联系的。

这个没有陌生人的“世界”，主要依靠人情和关系来维系，时间久了便会形成陈规旧俗，比如，找人帮助办事就像饿了吃饭一样正常。如果我们能够遵守并且懂得运用这个“世界”的规则，就会拥有各种人脉关系，做任何事情都游刃有余；相反，如果不遵守、不懂得利用这些规则，就会被看成异类，甚至成为众矢之的。

没有陌生人的“世界”，有好处也有坏处，好处是，身处其中的人的社会关系稳定，社会压力较小；坏处是人们的生活缺乏活力，也缺乏一定的创新力。

大城市则是典型的充满陌生人的“世界”，因为大城市中大多是外来人口。如果我们想要通过自己的人情网络融入大城市的生活，那几乎是不可能做到的。因为一个人的关系不可能渗透到大城市的每个角落。在大城市中，我们身边都是行色匆匆的陌生人，能够碰见熟人的概率很小。

不过，全是陌生人的世界相比于没有陌生人的世界，会显得公平很多。在充满陌生人的世界里，大家看似冷漠无情，但却依靠一定的社会规则相处。大家的相处并不依靠人情关系，而是基于基本的权利和义务。没有陌生人的世界将“人际关系”作为目标；充满陌生人的世界将“个人能力”作为目标。

总之，没有陌生人的世界处处是人情，看似温馨却有很多“潜规则”；充满陌生人的世界凭能力立足，看似冷漠却公平公正公开。我们当代人处于文明发展的世界中，追求的是两个世界的交集——在文明社会里，哪怕是熟人，也要讲究社会契约；哪怕是陌生人，也要相互扶持，讲究道义。因此，我们只有从没有陌生人的世界走向充满陌生人的世界，才能建立起更多的弱关系，才能取长补短，互相融合。

## 世俗社会中的逻辑悖论

在世俗社会观念中，大家都将“在家靠父母，出门靠朋友”奉为圭臬。从以前的“人脉经营”到现在的“投资关系”这些说法的出现，表明越来越多的人开始重视人脉关系的建立。我们每天和不同的人打电话、吃饭、结伴出游。我们记下新朋友的联系电话，通过社交平台结交好友，定期留言和分享信息。我们的目的很明确，就是为了扩大自己的交际圈，加强与他人及社会的互动。要知道，不仅普通人在做这些事情，著名的政治家、企业家、思想家等，也在做这样的事情。

为什么人们都在乐此不疲、如此费力地建立关系呢？当然不仅仅是为了让自己不再孤独，更是为了从关系中获益，比如，通过关系找工作、找资源、找客户、找信息等。所以，投资关系、建立关系的同时，也在依赖关系、利用关系。

很多人都曾感叹：“关系用时方恨少！”每到关键时刻，平时勾肩搭背的熟人往往不起作用，而真正能够帮助我们的往往是那些不太熟悉、关系很弱的人。这便是世俗社会中的逻辑悖论——我们苦心经营的熟人圈子，最后将变得越来越无用。

当熟人不能给我们提供更多帮助、更多资源和信息的时候，我们将更加依赖于那些不怎么熟的弱关系。正因为传统的“熟人社会”存在很多的弊端，为了个人发展与社会发展，“熟人社会”必定要向“陌生人社会”转型。

什么是“陌生人社会”呢？就是行走在大街上，警察或好心人会给我们提供帮助；当遭遇自然灾害时，消防队员或特种部队，或者是其他人会来解救我们。陌生人维护着社会秩序，帮助我们建房、理财、教育孩子……当我们走出家门，乘坐交通工具时，我们的生命甚至都放在了陌生人的手中！

在“陌生人社会”中，人际关系逐渐被“货币化”，人和人之间的关系都建立在一系列的运行规则之上，社会分工的作用越来越重要。这时候，“熟人”已经没有什么作用了。

社会转型过程中，我们必须面对两个棘手的问题：一是“熟人社会”消退带来的迷茫与无措；二是“陌生人社会”带来的冷漠与无情。由于这两种作用力的影响，社会也将面临一种逻辑悖论——“陌生人社会”的到来，必然会使得人与人之间的温情暖意有所减少，并且增加社会运行的成本。人们一方面会对陌生人处处提防，抱怨人性冷漠，另一方面又会指责他人的麻木不仁。

“熟人社会”和“陌生人社会”就像两个不同的世界，转型的过程中必然会产生很多逻辑上的悖论。

那么，我们如何才能让两个世界完美融合呢？答案是全方位地构建“法治社会”。如果说“熟人社会”是通过道德来实现自律和他律，通过关系互帮互助，那么“法治社会”就是凭借法律的公正与权威承载人们之间的信任，让人们可以生活的安全且有尊严。所以，我们不仅需要发挥传统文化中自律的优势，更要积极推进“法治社会”下科学文明的发展。也只有这样，人们才能更好地适应“熟人社会”的消退，并且快速融入“陌生人社会”之中。

## 熟人模式、半熟人模式与陌生人模式

### 遇到难题，你第一时间会想到谁?

无论是普通人还是社会精英，都会遇到各种各样的难题。或许你是一个性格倔强且独立的人，不想给他人带来麻烦，更不愿意向他人求助。但是要知道，单凭一己之力，你永远无法解决所有难题。

当难题像不速之客一样，突然造访你的生活，让你感到无能为力、无所适从时，你第一时间会想到谁？会向谁发出求助信号？是熟人还是半熟人？抑或是完全陌生的人？在回答这个问题之前，我们首先要知道什么样的困难才算真正的困难。

上大学的时候，不知道如何选择专业；大学毕业之后，不知道从事哪方面的工作……这些都只是在做选择，谈不上真正的难题。所谓真正的难题，往往是无从想象的，只有它发生时，我们才能懂得其中的困难之处。

难，有时候并不是因为问题本身难，而是由这个问题衍生出的其他问题让人感觉无所适从。对于一个问题，可能有些人觉得很困难，而对别的人来说，可能很容易就解决了。比如，你一直想要涉足绘画领域，可你的妈妈却想让你做一名医生，而你的爸爸又希望你从事教育工作。因为你的职业方向问题，一家人沟通过无数次。几经波折，你才说服了父母，如愿以偿。其实，综合看来，你只是在“就业目录”里做一个选择，还不是太困难。

那么，当你遇到真正的难题时，第一时间会想到谁呢？在正常人的思维逻辑中，首先会想到的当然是自己最熟悉的人，比如，不遗余力付出的父母，能够接受你狼狈样子的“死党”、闺蜜等。这个人必定是能够给你带来安全感的人，是你熟识或者有过联系的人。比如，你想做一道菜的时候，会向父母询问；你遇到法律问题时，会咨询学法律的同学；你生病住院的时候，会向在医院里工作的亲戚求助；等等。

当你根据父母的指导做出一道菜时；当你根据同学所说的

法律条款搜寻证据时；当你根据亲戚的建议入院治疗时……其实，你忽略了一个很重要的问题，就是他们提供的这些信息，你完全可以通过网络查到，并且可能会更加全面。

可以说，这些亲密关系中的熟人，并不是帮助你解决人生中重要难题的人，他们只能称为能够给你带来心理上的安全感、情感上的依托和精神上的慰藉的人。

很多时候，真正能够帮助我们解决难题的人，可能并不是我们熟悉的人，而是不太熟悉的人，甚至是陌生的人。举一个很简单的例子：你有很多好朋友，他们都是你的熟人，平时经常一起交流，如果你求助于他们，他们也会给你提供直接有效的帮助。但因为大家平时都生活在一个圈子中，接收到的信息可能会重叠，所以哪怕这些熟人愿意帮助你，他们提供的信息的可用性也不是太强。更多时候，他们提供的信息或许你以前早就已经知道了，你根本无法从他们身上获取更多新的有效的信息。

如果我们能拥有更多半熟悉的或者不熟悉的人，因为不太熟悉，彼此的交际圈也没有重叠，平时涉猎的东西也不太一样。那么此时，彼此从对方身上获得的都是崭新的资源，而这些新的信息或者资源正是我们不断完善大脑所必需的。

另外，还有一些其他的弱关系，比如，我们与论坛、群聊、微博中的人的关系。当你向这些人提出一个问题时，你可能会得到几十甚至上百个回复。这些回复中，有一些是无用信息，也有一些是专业的回复信息。在和这些“回复”进行讨论时，你将得到更多有效信息，进而让自己的思路得到开阔，也让难题得到解决。

## “关系”是构建人类世界的基础法则

孟子云：“得道者多助，失道者寡助。”这句话的意思是说，站在道义的一边，会得到多数人的帮助，这里的“道”，除了“道义”也可理解为“人际关系之道”。一旦人离开了人际关系之道，就成了无源之水、无根之木，不得长久。

人类的世界并不是以个体形式存在的，每个人都生活在以人为单位构建的群体关系网中。关系是人群互联的一种形态，是人得以生存的土壤。关系是构建人类世界的基础法则。关系又可以分为熟人关系、半熟人关系和陌生人关系。

熟人关系，指的是我们和亲人、朋友之间的关系。与这种关系中的人相处，我们往往会比较直接，不需要太多的修饰，真真实实地表达自己就好。有时我们可能不需要开口，对方就能读懂我们的内心，并及时给予回应。这些人值得我们用一生去珍惜。

陌生人关系，即我们与未曾谋面或没有交集的人建立的关系。通常情况下，这种关系中的两个人会因为一些必要的义务或者工作需要有所沟通，比如，与警察、医生的联系。我们需要调解一些纠纷时，就会与警察建立联系；我们生病难受了，就会与医生建立联系；我们肚子饿了，就会去饭店吃饭，就会与服务员建立联系。而这类关系通常是与责任和利益相关联的。

最后，半熟人关系，也叫作弱关系，它建立在认识但并不深交的基础上。打个比方，我是一个厨师，我做菜做得好，老板给我发工资，我认识老板，但是我们不熟，因为工作，我们之间有了联系。

那么，我们该如何经营好这三种关系呢？熟人往往会理解我们的苦衷和烦恼，我们能够将全身心交付于他们；我们与陌生人未曾相识，初次见面，那就请多指教好了；对于半熟人，我们是后来认识的，因为一些目的需要合作，为了利益，我们之间难免会出现矛盾。

当然，三种关系也是可以相互转化的。如果人与人之间缺少交流，那么关系就会改变，熟人关系也会变成半熟人关系，甚至陌生人关系；相反，若以诚待人，人与人之间的关系也能得到改善，陌生人关系和半熟人关系也会变成熟人关系。没有人能在社会上独立生存，每个人都必须与他人发生关系。

## 人与人之间的四个维度

人与人的关系错综复杂。当我们处于社会之中时，不可避免地会与他人发生微妙而独特的关系，这些关系看似千变万化，但是都离不开以下四个维度。

第一维度——基缘。基缘是构成人与人之间关系的最主要因素，它决定了两个人会是什么关系，就像是DNA只能转录翻译成特定的蛋白质一样，因此它也具有特异性和不可逆性。

基缘又可以分为血缘、地缘、业缘、趣缘等。血缘指的是因为血缘关系或者姻缘关系联结在一起的关系，比如父母、子女、亲戚和夫妻之间的关系。这类关系往往是最亲密、最真诚的关系。地缘指的是因为一起居住或工作而形成的关系，比如老乡、邻居等关系。这种关系的好坏取决于彼此间的来往频率。业缘，这种关系是跟利益挂钩的，比如，老板与员工、公司与公司之间的关系。他们因为利益而相交，共求盈利。

趣缘，这是指有共同爱好的人之间建立的关系，比如，球友、影友等。

第二维度——间距。间距的大小也会对关系产生影响。其中，间距又可分为自然间距和心理间距。自然间距限制了两个人身体的接触，随着时间的推移也会对彼此产生不可估测的影响。心理间距决定人们的心灵是否有隔阂。如果心理间距太大，彼此之间就会缺少默契，缺少联系，时间一长，关系也会变淡。

第三维度——交频。这是一个对关系的深浅起决定性因素的条件。交频，即交往频率，前面说过基缘决定一段关系的本质，而交频则可以改变这段关系的厚度。比如，二人是亲戚关系，但因为一些原因很少往来，那么即便他们的祖辈之间关系再好，但到他们这一代，因彼此了解得少，他们的关系就处于认识但不深交的状态，长此以往，这段关系就会越来越陌生。从这一方面来说，中国人过年走亲戚也是很重要的，可以加深亲戚间的沟通与联系，不至于让关系变冷淡。

交频多了，即便基缘决定彼此只是普通的朋友，但是在交频的促进下也能使彼此的关系更加亲密。

第四维度——信传。信传指的是交往过程中信息传递对人际关系的影响。当我们面对的人不同需要传达的信息也不同时，这个信息能够调节彼此的关系。信传缺乏，我们不能了解彼此，渐渐会有隔阂；信传频繁，我们彼此会产生猜忌，进而产生误会。所以，一切的交往都得有个度。

## “250 定律”：所有的经济活动都是社会性的

美国有一位十分出名的推销员，他的名字叫乔·吉拉德。他被《吉尼斯世界纪录大全》认定为“世界上最成功的推销员”，因为他从 1963 年至 1978 年总共推销出 13001 辆雪佛兰汽车，平均每天销售 6 辆，这个记录至今无人可及！

乔·吉拉德为何能如此成功呢？他将自己的销售经验总结为“250 定律”，即每一位顾客大概有 250 名亲朋好友，这些人都与顾客的关系较近。假如一个销售员在年初的第一个星期一共见了 50 位顾客，销售员与其中的 2 位顾客发生了冲突，那么在连锁反应的影响下，到年底的时候这个销售员最少会失去 5000 位潜在的顾客。这无疑是巨大的损失。由此，我们可以知道，无论什么情况下，都不能得罪或怠慢任何一位顾客。

在乔·吉拉德的职业生涯中，“250 定律”起着决定性的作用。他每天都抱着“顾客至上”的态度，让自己始终保持态度友好，不会因为顾客的刁难甚至谩骂而产生较大的情绪波动。因为他心里十分清楚，如果失去一位顾客，就等于失去了潜在的250位顾客！

“250定律”告诉我们一个真理——顾客就是上帝，同时它也给我们提出了一个很好的启示：我们应该认真对待身边的每一个人，重视身边的每一种关系。因为每个人、每种关系背后都有潜在的、巨大的、无限扩张的关系网络，它能在未来给我们带来各种帮助。

长久以来，社会学上都存在着结构和个人的对立问题，许多人都在研究两者之间的平衡方法，例如，法国思想家布尔迪厄试图以“身体”作为两者之间的平衡点，发展出了惯习理论；美国斯坦福大学教授格兰诺维特则从社会关系的角度研究微观和宏观之间的联系——这种思维方式与马克思的辩证法有相似之处，通过人类社会关系网分析宏观和微观、集体因素和个体行为之间的关联。分析结果是，一方面，个人行为受集体制度与文化的影响；另一方面，集体制度与文化通过个人的社会关系网潜移默化地重组结构。

由此，我们可以得出一个结论，那就是所有的经济活动都是社会性的，并且经济行为嵌在社会关系网中。社会关系网之所以重要，主要有两个原因：一是个人在复杂的社会关系网中具有较大的能动性，可以带动集体制度与文化的革新；二是集体制度通过社会关系网影响着个人的心智结构，从而造成或限制个人的行为。所以说，社会关系网既能带动经济的发展，又能让个人在集体中找到平衡。

# 当同质化信息开始泛滥

## 你所需求的信息

社会在高速运转的过程中，我们将面对和处理大量的信息。这些信息由高到低分为几个档次：重要信息、必要信息、次要信息、无用信息等。但总的来看，无非就是有效信息和无效信息这两种。而我们需要做的，就是从这众多信息中寻找我们所需求的信息。

为什么要提取信息？提取信息有助于我们更好地在社会中生存，更好地与他人相处。生物学中也有所谓的信息传递，它能调节种群间关系，维持生态系统的稳定。其中也有说法是，生命活动的正常进行离不开信息传递。

如何提取我们所需的信息呢？当我们面对扑朔迷离的环境，

以及各种各样杂乱无章的信息时，常常需要先分类处理再消化，这也就是信息的提取。这些不同的信息都来自不同的人，更多时候是陌生人，也就是弱关系带给我们的。细想，我们的亲人朋友经常在我们耳边说一些忠告，这些忠告我们已经记在心中，而那些需要我们去学习和了解的忠告，正是社会里那些形形色色的人要告诉我们的。

什么是准确高效的信息呢？“准确”，即能直接点出我们所遇到的问题，对其有明确指示说明。“高效”，是对所遇到的问题能彻底或深层次解决。两者相互促进，才能把问题彻底解决。因此，对准确而高效的信息的提取是相当重要的。

所谓信息，泛指人类社会需要传播的一切内容，它的运用，是通过别人告诉我们某种指示或我们告诉别人某种指示。“别人告诉我们的信息”——我们需要判断可行性，与“我们告诉别人的信息”——我们需要明确想起到什么样的效果，两者互不冲突，但又会对彼此产生影响。我们拿到一个信息时，首先要判断其类型，可能是一句话、一个行为，甚至一个眼神，这些信息所要传递的内涵是什么。判断出这些，接下来就会轻松很多。

如果我们对信息有准确的判断能力，那么我们就能更好地立足于社会中。当然，这项能力的提高，还要取决于我们平时对生活的观察和积累。

## 你依赖强关系可以获得的信息

人生在世，谁都有几个知心朋友，他们总能在我们困惑时为我们指点迷津，在我们需要帮助时伸出援手。这便是强关系能给我们带来的好处。

我们不仅能够通过强关系获得各种资源，还能够依赖强关系获得各种有效信息。我们通过强关系获得的信息，通常是直接并且有针对性的。因为亲朋好友不需要过多考虑自身利益，他们愿意直接帮助我们解决问题。强关系似乎往往会和从众现象挂钩，因为从众，我们不会缺乏集体感，在前人的道路上打开一条捷径，直接通往我们想去的地方。

依赖强关系获得的信息，往往具有以下几种特征：

第一，直接性。由于这些信息的来源是我们非常熟悉的人，他们喜欢站在我们的立场上说一些我们喜欢的话题，或者观点。至于可信度，却需要我们自己判断。

第二，稳定性。这些信息来自我们经常打交道的人，此时我们可以根据交往经验来确定信息的可信度。我们根据彼此间交往的深浅来决定我们应该信谁，不应该信谁，由此可以使自己获取更多有用且真实的信息。

第三，多利少害性。这一性质的决定因素为我们结交的人的类型。而强关系的存在决定了我们结交的这些人对我们来说非常重要，所以由此获得的信息具有多利少害性。

强关系的建立，是因为我们相处得久，对彼此有所了解，双方之间有共鸣。由此可见，我们每个人都应该去结交几个可以说心里话的朋友，在我们失意时给予我们安慰和鼓励。

但细想，由强关系获得的信息的弊端也是显而易见的。首先，大多数的强关系都是建立在深交之上的，面对形形色色我们不了解的人，我们与他们没有深交。其次，与我们有深交关系的人只有那么几个，因此这些关系并不能帮我们解决我们遇到的所有问题。最后，朋友也会有自己的事情需要做，更多时候我们还是要和身边的人一起摆脱困境。

由强关系获得的信息往往会很片面，但是大多数可以信任；但因弱关系而获得的信息又能带给我们更多的收益，只是很多时候我们不知道如何辨别真假。

## 重复、重复，还是重复

在大多数情况下，信息的传递和更新是一个重复的过程。

为什么这么说呢？因为我们每天接收的信息都来自不同的

“信号源”。比如，我从朋友那里打听来的消息，可能是他从自己所认识的人那里获得的，或者无意间从网上、公告上得到的。在我认知信息的过程中，朋友起到了一个媒介的作用——他传给我，我知道了，我可能又会传给别人，以此循环往复，直到更多人知道。这个过程中，我与朋友不就是一个循环节吗？所以，信息传递就是一个重复的过程，也正因为它的重复，我们能够将信息传达给别人。

对信息的提取也是如此。当我们遇到一个不认识的字或者单词时，想要去弄懂它，我们首先会去查字典或者上词条搜索，如果没有我们想要的结果，我们就会去问我们觉得懂得的人。这个过程中，起源是我们遇到一个未知，在求解未知的时候，我们知道去字典或者网上寻找答案，我们也知道从某个人那里寻找答案。

但是，我们是一接触就知道某个人知识渊博吗？当然不是，我们之所以知道他知识渊博，是因为我们先前从他那里获得了解决类似问题的答案，所以，再次遇到类似情况的时候，我们就会知道应该向谁求助。这也是一个重复的过程。

信息的出现与消失也符合这个规律。要出现一个新信息，就要有一个新事物出现，并有人为它下定义，还得通过渠道将它散布出去。但在这个传播的过程中，不同的人对事件的看法不同，看法也会以不同的形式传播，加以修饰。但在别人眼中，似乎事实就是如此，这也是谣言的形成过程。谣言的终止，信息的消失，也需要有人为之做出相应的事件。有人告诉你，这是一个谣言，或者这已经是人尽皆知的真理，就不会再有谁传递，久而久之或许就会被人遗忘。

整体来看，正因为有这些重复的过程，我们生活的这个世界才能够安稳不乱。我们每一个人都有行使传递和终止信息的责任和能力，我们可以通过个人的表达，将更多有用的信息发送给别人，再根据自我的学识，将谬论推翻，甚至在此基础上做出纠正。所以说，更多重要有用的信息是掌握在那些陌生人手中，因此，我们应当将重复关系的重心转移到这些陌生人身上，从他们提供的信息里开拓新的真理。

这就是建立弱关系的必要性。

## 此处的稀缺资源，正是别处的同质化信息

在社会快速发展的过程中，各行各业都存在着信息同质化的情况。

什么是同质化呢？就是不同特征的个体事物在发展过程中

其内在本质特征逐渐趋于一致的过程。简单来说，就是不同事物随着发展互相影响而逐渐趋同。

有效信息无法顺畅传播，是强关系社会始终存在的较大的问题，由于群体上的限制以及区域上的限制，信息传达很容易形成一个个闭环。很多处于强关系中的人，自以为掌握了稀缺信息，其实将眼光放得远一些就会知道，这些信息不过是别处的同质化信息而已。

如果想将一块普通的木头打进另一块木头里面，就必须改变它的结构，让它变成上粗下锐的小木橛，这便是著名哲学家吴伯凡在《21 世纪商业评论》中提到的“楔子理论”。由于楔子上粗下锐的结构，在力的作用下就能打进木块的缝隙之中。

当强关系发展到一定阶段之后，往往会出现信息趋同的现象。当信息同质化之后，就会被当成一种权威，一种“官方认证”的标准。这样一来，最终被保留下来的都是一些重复并且同质化的信息，而被淘汰的则是一些非同质化的信息。

如果我们拥有的信息十分有限，那么在传递和制造信息的过程中，往往会选择简单的复制。在早期社会中，因为通讯落后、交通不便等因素，有可能会让接收到的每一个信息都成为稀缺信息；不过，随着社会发展，交通变得更加便利了，通讯变得更加简单了，互联网也在不断升级，我们获得的信息的稀缺度也在不断降低。所以，很多信息在此处为稀缺资源，但在别处却是同质化信息。

在强关系中，信息的传播途径与渠道都相对比较单一，这会直接导致信息传递相对滞后，很多时候只是从复制变成了半复制。

无论历史如何变迁、社会如何变革、强关系如何变化，发展的前提都是信息的有效传递。既然强关系中的稀缺信息很可能是别处的同质化信息，那么我们就应该学会打开多种信息渠道，尝试从不同行业、不同领域、不同人身上获取更多、更广的稀缺信息。

所以说，只有从弱关系中与更多人建立联结，不断扩充知识，不断增加信息的宽度与广度，才有可能获得更多的稀缺信息，从而用创新改变信息现状。

## 被过度信赖的强关系

### 连续创业失败的反思

人类的“社会属性”促使人们在创业过程中更加依赖强关系，而不是弱关系。所谓“一道篱笆三个桩，一个好汉三个帮”，大部分创业团队都是由家人组成的，只不过这样的合作形式往往不能维持很久，且成功率不高。到底是什么原因导致连续创业失败的呢？

社会学家提出忠告：“别和熟人共同创业，别和熟人合伙做生意。”因为过度信任和依赖强关系只会让我们形成思维定式，让我们渐渐失去理智。如果合作只是因为冲动之下的亲缘关系或者江湖义气，那么屡屡败退将变成一种必然。

一个合格的创业者，应该具有充足的胆识和强烈的意志力，勇于面对创业的失败并为之反思。眼光的长远，往往决定了所能触及的高度。在创业过程中，我们必须要有一定的野心，放出“长线”，钓上“大鱼”。真正成功的创业，并不是创业者相互给予人情，而是一群志同道合、有共同理想和价值观的人聚集在一起，共同努力、互补共赢。在这样的群体里，每个人都会为了实现同一个目标而共同努力。

与强关系中的人合作，要么相互牵制，甚至轻视；要么一起陷入局限思维之中。这也是连续创业失败的根本原因。

美国社会学家马丁·鲁夫曾对766位企业家做过问卷调查，他们均是获得过美国斯坦福大学MBA学位且有过创业经历的人。

马丁·鲁夫统计了这些人所创办公司的人员构成和信息来源，并且通过对新产品推出的情况、销售时采用的手段、是否打入国际市场、拥有多少专利等方面进行考察，评估了这些公司的创新能力，试图从中发现关系的强弱对创新是否会有不同的影响，最终弄清楚到底是什么刺激了这些人使其有了创业的想法。

最后的调查结果显示：有38%的人的创业想法是来自家人或朋友之间的讨论，有52%的人是受客户或有业务往来的人的启发，还有一部分是因为媒体或专家鼓动。由此，我们可以得出结论——弱关系更有利于创业成功。

不过，在现实生活中，大部分创业团队仍旧由强关系构成。有的人为了降低与熟人一起创业的失败率，会选择与自己能力相当、思想统一的人合作，但这并不能解决信息单一匮乏的现状。

如果不想创业连续失败，就要学会与弱关系中的人合作，不断扩展关系网，打造全方位的信息网络。创业团队在拥有强关系与弱关系的同时，还需要获取陌生人的信息，达到信息多样化，只有这样才能让团队拥有强大的凝聚力、创新力和发展力。

## 心有余而力不足

不同的人在交往过程中会逐渐形成不同的相处模式，比如，有的人会认为，有血缘关系的人更加亲密，联系越多的人关系越好等。这样的人喜欢与熟人相处，不爱与陌生人产生过多交集，更不懂得如何与陌生人正常交流。他们就像水果摊上的椰子一样，外壳无比坚硬。当他们遇到困难需要帮助时，第一时间想到的便是强关系。

这与西方的“桃子文化”截然相反——在大多数西方人的观念中，与人相处要像桃子一样，皮薄核硬。所以西方人更加重视与陌生人的联系，西方的父母在教育孩子融入社会时，会鼓励和引导孩子在遇到难以解决的问题时要向社会和陌生人求助。

确实，在多数情况下，陌生人能够给我们提供的帮助往往多于熟人。

相信很多人都曾有过这样的情况：当亲朋好友找自己帮忙时，虽然自己很想帮他们解决问题，但却没有那个能力，于是感到很愧疚。

虽然熟人之间感情稳固，关系不容易动摇，但是能够提供的信息和资源却十分有限。在熟人圈子中，大家所涉及的行业、人脉、知识面等资源都相差无几。虽然大家都愿意帮助彼此，但因为能力不足无法提供实质上的帮助。

举一个简单的例子：一位朋友因为过年不带电脑回老家被公司开除，他应该如何来保护自身的权益呢？要知道，并不是每个人身边都有熟悉的律师朋友。这时候，只有将陌生人的力量团结起来，才能真正解决问题，比如，寻求陌生但很专业的律师帮助，或者利用陌生网友的舆论压力给自己维权，让公司受到应有的制裁。

总之，强关系能够给我们带来的更多是心理上的帮助与安慰，真正能够给我们提供帮助的，其实还是弱关系里的人。他们可能与我们不够亲密，但却拥有丰富的资源，能够帮我们解决很多实质性的问题。

## 看似情感第一，实则利益至上

由于强关系的存在，我们所处的交际圈变得协调、稳定，因为强关系中的人会在观念与想法上与我们达成共识，进而减少很多争端。更重要的是，强关系能够满足我们情感上的需求，给我们真挚的关爱、真心的安慰、真诚的陪伴。不过，我们也注意到，并不是所有强关系都是如此，也有一些强关系，看似情感第一，实则利益至上。

英国首相帕麦斯顿说过一句话："这个世界上没有永远的朋友，只有永远的利益。"虽然这句话听起来很现实，也很残酷，但却真实地反映了当时英国与其他国家之间的关系。甚至直到如今，这句话仍是许多国家与别国的"相处之道"。后来，这句话又被运用在经济学、社会学等领域。在人际交往中也往往牵扯到个人利益与共同利益。

有一些强关系，同样与利益挂钩，因有共同利益促进，不得不加深交际关系。这样能提高彼此之间的默契度，进而获得最大化的利益。但当出现分歧时，比如劳动力不协调、物质分配不均衡等，往往会导致矛盾的发生。这种情况下，利益关系越明确，强关系的维持就会越稳定。

社会上各行各业的人都会因为共同的利益而相识，渐渐成为熟人，继而发展为强关系。这个过程中，没有绝对的公平，只是有人愿意以少部分的利益来维持关系。相反，如果没有人愿意牺牲自己的利益来维持这段关系，那么这条关系链就会断裂，分道扬镳也就不可避免。

举一个例子，两兄弟开了一个面馆，因为他们做面技术好，面馆生意一天比一天红火，赚的钱也一天比一天多。本来两兄弟目标一致，都是为了赚钱，于是两个人都努力劳动。但后来有一天，因为利益分配不均，两兄弟大打出手，差一点把店给砸了。情同手足的两兄弟，因为利益问题而分道扬镳，实在让人感喟嘘唏。

尽管强关系里的人与我们有着亲密的情感关系，但也有着经济利益关系。这并不是相互矛盾的，而是相互依存的。

当一个人觉得自己的利益受损，或者想贪图更大的利益时，就将面临人性的考验。如果这个人克服了人性的弱点，那么他内心所生成的利益缺失感就会消除，就能理智地面对一切。否则，这个人就会在自己的欲望假设出来的利益中迷失，从而做出背叛熟人的事情，严重影响双方的感情，甚至让彼此间的强关系决裂。

如果强关系中不涉及利益关系，那将变得十分美好；如果利益关系中不涉及情感，一切又会变得十分纯粹。但感情和利益总是相互依存，当人们同时面对感情和利益问题时，往往会出现“看似情感第一，实则利益至上”的情况。这既是人性的弱点，也是现实情况所致。

## 有一种自我折磨叫作分离焦虑

从人格上来分析，我们每个人从小就会形成一种持续、稳定的待人处世的行为模式，以及在不同社交活动中产生的类似的思维模式。比如，当我们与他人处于“共生状态”时，就会觉得“分离”十分痛苦。在心理学上，这种由于“分离”而产生的恐惧、不安的情绪反应，被称为“分离焦虑”。

“分离焦虑”起源于婴幼儿时期，它是在个体分离过程中，因为依赖或共生关系的停滞而造成的一种创伤性情感体验。通常情况下，人们若在未成年之前产生“分离焦虑”，那么这种“分离焦虑”会在成年之后产生巨大的影响力，甚至成为人们生活和心理上的巨大障碍。

当一个人需要独自面对生活中的困难与挫折时，这种早期的创伤性情感体验会被唤醒和激发，“分离焦虑”情绪会不断增加，人们就会不断自我折磨，严重影响生活与情感。有的人一生都在与“分离”做斗争，胜者会变得更加坚强自立，败者则会变得更加软弱无助。

“分离焦虑”往往存在于强关系中，比如亲子关系、婚姻关系、亲戚关系、师生关系等。之前热播的电视剧《过把瘾》讲的就是“分离焦虑”，剧中女主就是一位典型的患有“分离焦虑”的人。她专制武断，与丈夫纠缠不休，生怕分离。这样的压迫感让她的丈夫无法喘息，哪怕鱼死网破也要与她离婚。现实生活中，很多人因为“分离焦虑”强行维系一些会让自己受到伤害的关系。其实，这也是一种自我折磨。

当然，适当的“分离焦虑”也是人类情感中的一种正常反应，属于正常的依恋需求，也是人与人之间必要的感情纽带。只有看到自己在亲密关系中的情感需求，才能理智地面对“分离”带来的焦虑与痛苦，同时让自己获得安全感。

大多数患有“分离焦虑”的人，都缺乏自信心，对亲密关系十分依赖，且没有安全感。当我们感到自己在一段强关系中的“分离焦虑”情绪越来越严重时，就应当有意识地强化自信心训练，增强自我安全感，减少对强关系的依赖，从而摆脱“分离焦虑”的情绪。

人的成长过程，就是一场对抗“分离”的游戏。在必要的时候，舍弃一些关系，和一些人告别，也是人生的必修课。

## 有限资源与无限契机

### 人生何处不意外

余秋雨先生曾说："一切都不可预测，一切都超乎想象，一切都难于部署，一切都猝不及防。某些看似可预测、可部署的部分，都只是浮皮表象的勉强连接。"

人生何处不意外！我们的眼睛可以看到的只是冰山一角，在冰山之下，"曲如弓"的复杂是我们从没有见过的；人生无常，谁也不知道明天和意外谁先到来。当意外发生时，我们要做的不是自怨自艾，而是思考自己所拥有的有限资源以及弱关系中隐藏的无限契机。

我们在做任何事情的时候，都需要考虑自身拥有的有限资源。每个人都拥有自己的资源，区别就在于资源的多与少。不可否认，有的人一出生便拥有财富、人脉、优越的教育等资源，而有的人却出身贫寒，拥有的资源并不多。但先天资源优越的人，最后不一定成才；而先天资源匮乏的人，不一定就不能拥有一番作为。如何利用、整合自己拥有的有限资源，才是我们应该去思考的问题。如果不懂得整合资源，就只能在平凡中沉溺，永远失去进取的决心。

或许有人会认为，熟人圈子、强关系中的人才是自己最值得依赖、也最能够给自己提供帮助的人。但事实却是，当意外发生时，熟人能够给你的帮助往往是有限的。相反，那些能够真正帮助到你的人，可能是弱关系中的人。假如有人出现意外情况，强关系中的亲朋好友能够提供多少经济上的支持呢？

如果强关系中的人完全值得信赖，并且有能力帮助我们面对所有的重大意外事故，恐怕就不会有保险这个行业，国家也不必劳神费力提供医疗保险服务了。

我们不得不承认，弱关系越广的人，处理意外发生的事情的能力就越强。俗话说“多个朋友多条路”，这里说的朋友，并不一定需要建立多么亲密的关系，哪怕只是泛泛之交，只要能得到对方认可，他也愿意在你遭遇重大意外事故时伸出援手，提供一定的帮助。

而且，弱关系可以无限扩张，其中隐藏的有用资源也是无限多的——我们不知道一个人背后是隐藏着一个团队，还是一种全新的认知；我们也不知道那些与我们只是泛泛之交的人，背后有多少人脉资源和稀缺信息。所以，每一种弱关系背后都有无限契机，它们将成为我们面对意外事故的坚实后盾。

## 真正帮到你的人，或许只是泛泛之交

从小到大，我们接触的传统文化里一直离不开“关系”和“人脉”这些字眼，我们经常听到老人讲“在家靠父母，出门靠朋友”“多个朋友多条路”“朝廷有人好做官”……简而言之，就是有熟人好办事。特别是小城市，更是形成了一种观念，想要成事，你不仅要有资金，更要有人脉。

人际关系的确很重要，甚至在生活中、工作中，没有良好的人际关系将寸步难行；但从本质上来说，人际关系并不是大家传统观念里的“人脉”，而是“信息”。也就是说，你的朋友给你带来的好处，并不是说他能帮你做什么，而是他能帮你打开面对问题的不同视角和思维方式，从而提升你的眼界与格局。

人们常说“物以类聚，人以群分”，在多数情况下，跟你关系特别好的人和你属于同一类人，你们有着差不多的眼界与学识，这样彼此之间的信息将大量重复，而不对称的信息就会太少，就算对方想要帮你也是有心无力。与之相反，如果你与大量的陌生人进行浅层接触，并与泛泛之交建立连接或者交集，接触形形色色的人，跨越多个阶层，拥有更广的人际圈，那么你将会获得更多有用的信息。比如，你想要寻求一份心仪的工作，身边的好友、亲戚、熟人，他们是你找寻找工作最有效的信息来源吗？他们能真正帮你介绍一份好工作吗？

20世纪70年代以来，全球最知名的社会学家之一马克·格兰诺维特主要的研究领域是社会网络和经济社会学。他经过调查发现，人们在找寻工作时，那些熟识的朋友反倒没有泛泛之交甚至只有一面之缘的朋友更能够发挥作用。事实上，越是熟识的朋友往往越帮不上忙。在他采访的众多人中，其中56%的受访者是通过某些关系找到目前的工作的，19%的受访者是通过招聘广告找到的，还有19%的受访者是直接去心仪的公司面试而被聘用的，其余6%的受访者是通过其他渠道找到工作的。格兰诺维特在他的论文中举了两个实例：

实例一：爱德华在上高中的时候，认识的一个女孩邀请他参加了一个聚会，聚会上他遇到了女孩的姐姐和她姐姐的男朋友，爱德华和女孩的姐姐的男朋友相差大概10岁。多年以后，爱德华因为一些原因辞去了工作，他在住所偶然间遇到了当年只有一面之交的女孩的姐姐的男朋友。在交谈中，这个人提到他所在的公司在招聘制图员，于是爱德华向这个职位提出了申请，并顺利通过了。

实例二：诺曼经常去寄宿的护士学校看望女儿，在那里，她认识了一位同她一样前来看望女儿的律师。当诺曼辞去他的工作后，这位律师说他的客户的公司正好有一个会计职位的空缺，于是诺曼在提出申请后成功被聘用了。

从上面的两个关系网中我们可以看出：一方面，被聘用者与聘用公司之间的关系较长；另一方面，被聘用者与介绍工作的人并不是很熟。格兰诺维特为了更加确切地评估这之间关系的效力，逐一对受访者做了问卷，内容主要是，他们和提供职位信息给他们的人是否经常联系，联系过多少次？是亲戚朋友关系，还是商业伙伴关系？格兰诺维特调查的结果显示，找寻工作的人更多的是在很少见面甚至只见过一次面的人那里获得职位信息的。虽然格兰诺维特没有更多的证据来证明为什么泛泛之交能带来比熟人更重要的价值，但是，通过最后的问卷调查，格兰诺维特得出了一个结论：相比熟人，泛泛之交才是更能提供真正帮助的人。

事实上，从信息的扩散传播角度来解释，在一个全是亲朋好友的圈子里，大家相互认识。这种情况下，大家交流的信息都是冗余的，因为信息在相对封闭的环境中被反复传播。比如，你从一位朋友那里听到的一件事，可能早就已经被其他朋友知晓，他们彼此也相互交谈过此事。日常生活中到处都有这种事例，你寻求熟人帮助时，可能对方也在为同一件事苦恼，无解决之法。而泛泛之交，情况就大有不同了，他们来自一个你并不熟悉的社交圈子，因此，他们所提供的信息是新鲜而多元的。

## 弱关系是多样化信息的重要传播渠道

在日常生活中，我们往往喜欢直接与亲朋好友传递个人发生的事件，或者通过网络分享热点新闻、讨论政治话题以及互通各行各业的发展趋势。

这种发生在弱关系中的社交网络行为，就像在回音室中自言自语一样。虽然我们与志同道合的亲朋好友在这里分享信息，但我们分享的信息和接收到的信息，却是偏个性化的，缺乏多样性。比如，在某个家族群里，大家每天说着类似的话题，分享类似的观点，渐渐地大家就会觉得这个群越来越无趣，也越来越不想出来聊天了。

大多数人习惯通过社交网络与自己经常联系、互动的人分享消息，长时间如此，就会让两个人的思想、观念越来越相似，看待问题、分析问题的方式也差不多。其实，更多有价值、有扩展性的信息，都来自不经常联系、互动的人，也就是弱关系里的人。

弱关系是多样化信息的重要传播渠道，人们可以通过弱关系得到更多新的信息。这也验证了社交网络不单单是强关系交换信息的渠道，也是弱关系传递信息的媒介。人们通过社交网络中的弱关系分享新的思路、探讨新的产品以及讨论时事政治新闻。

美国斯坦福大学教授格兰诺维特发表的一篇名为《弱关系的力量》的论文中提到："与强关系相比，人们更可能会从弱关系那里获取到有用的信息，比如找工作、找客户等。"这并不难解释——当我们与某个人经常互换信息时，两个人的思想、观念、眼界就会渐渐雷同；而当我们与不同的人互换信息时，会发现很多有用的新观念、新思想、新信息，而这些多样化的信息，都是弱关系提供的，比如我们在社交媒体上能够读到网友的各种推荐。

那么，我们如何判断自己与网友之间是强关系还是弱关系呢？方法很简单，如果说两个网友之间会经常互相评论、转发彼此的状态，那么他们就属于强联系，相反则是弱联系。

这样说来，社交媒体是否会加剧“物以类聚，人以群分”的情况？人们会不会因为总与志趣相投的人保持联系而把社交圈变成一个孤岛？答案是否定的，因为强关系与弱关系之间存在着本质上的不同，比如，你通过强关系获取了一条有用的信息，但这条信息就算对方不告诉你，你也有可能自己发现；而通过弱关系获得的有用信息，往往是他不告诉你，你便无法发现的。所以，我们发现，弱关系所提供的信息的影响力远远超过强关系。也就是说，虽然人们更加重视强关系，但多样化的信息与大部分的知识都是来自弱关系。

如今，互联网把“弱关系”推广到了世界各个角落，弱关系作为多样化信息的重要传播渠道，不管你是想要学习新的知识、找工作，还是创业，都不应该局限于“强关系”圈子，而应该走出去，通过“弱关系”打开新的世界。

## 耦合效应："近朱者赤，近墨者黑"的微妙影响力

耦合效应也称互动效应，指两个或者两个以上的个体通过相互影响进而促进联合产生增力的现象。由这种现象可以看出人际关系的互动性和延续性，即"近朱者赤，近墨者黑"。

在科技人才相互碰撞的大信息、高资源时代，人们来来往往，相互交流，相互探讨，留下各种信息的痕迹。我们需要做的就是在这样一个信息世界里"取其精华，去其糟粕"，形成自己的认知，而不是受其影响，盲目接受他人的观点与思想，渐渐失去自我的色彩。

社会人群本身就是一个具有差异化的群体，每一个人都有他的独特思想与处事风格。我们在与他人交往的时候，这些信息就会渐渐表现出来，与此同时，自己的个性也会传达给别人。因此有了"有朋友就像一面镜子，能够映射自己"的说法。但是何种人是我们需要交往学习的对象，何种人又是需要我们引以为戒的对象，我们需要仔细甄别。

不论你是谁，不管你在干什么，你都需要朝着自己想要的方向不断前行。在社会的"大合奏"之中，我们仅仅充当的是其中的一个"音符"，如果自身不是很出众，那么即便缺失也不会影响大合唱。但如果我们足够优秀，那么在这场演奏之中

我们就是不可或缺的。所以每个人都要在自己的行业之中让自己变得越来越优秀。这也是耦合效应的微妙影响力。

两个人或者两个群体之间意见不合时，一个人或者一个群体为了说服对方而趋于张扬自己的想法，对方当然也会不甘示弱。在这样一场竞争之中，双方都能得到发展，渐渐壮大自己的势利。而当双方意见一致时，大家会共同进步，一起寻找问题，然后共同解决。

我们应当结交良友，与优秀的人做伴，相互促进，提升自我。中国有一句古语叫“见贤思齐”，意思是说，看到德才兼备的人，要努力向他看齐，让自己也变得同样的优秀。这便是耦合效应带来的榜样的力量，也是对“近朱者赤，近墨者黑”的最好诠释。

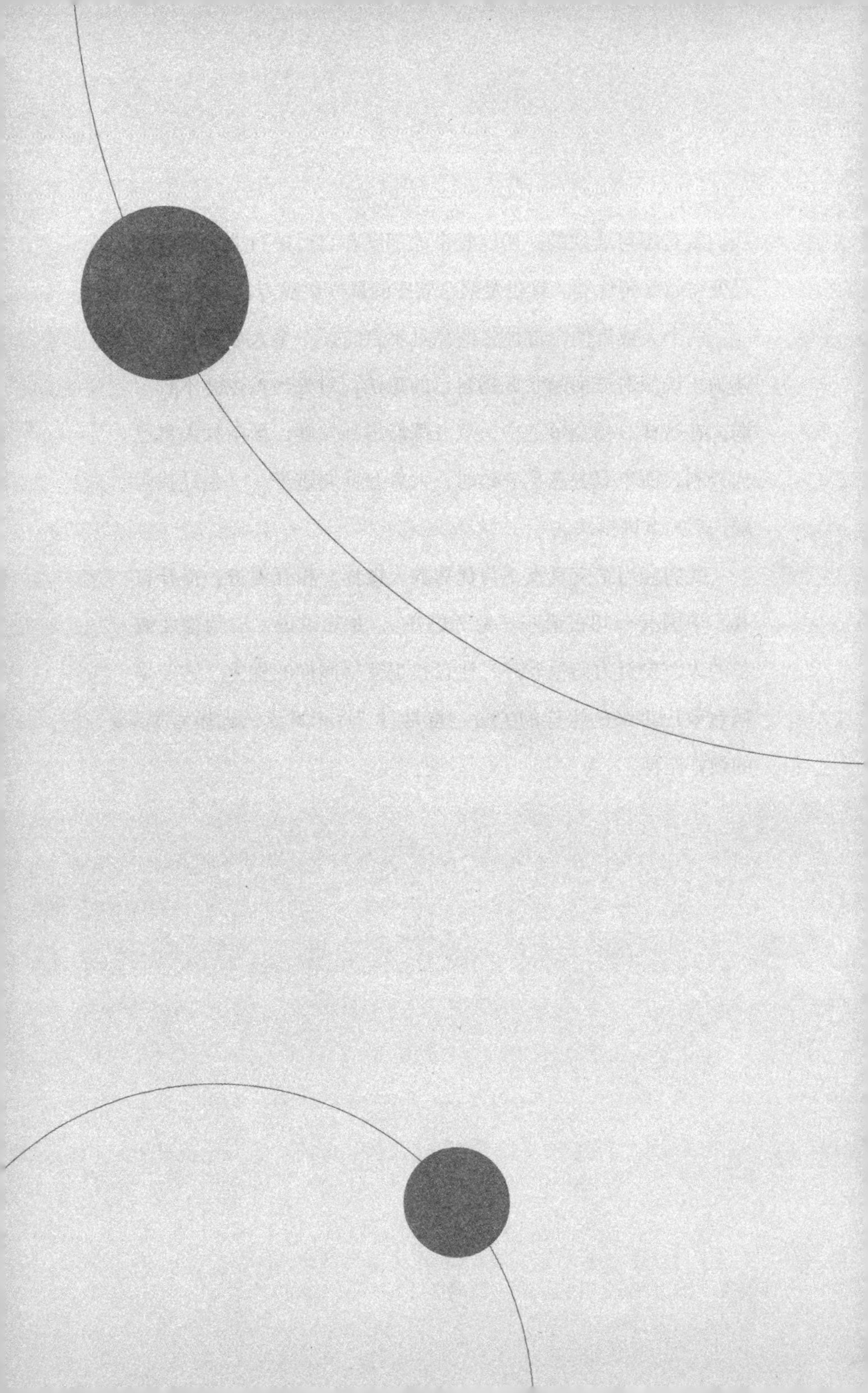

第二章

# 弱关系的“底层逻辑”

## 截然不同的信任模式

### 无条件的信任与有条件的信任

信任感会拉近人与人之间的距离，也会拉近人与社会的距离，而相互怀疑会让彼此都感到陌生与孤独。很多人为了追求名利而去做一些违背良心的事情，于是社会上人们之间的信任感就非常低。

社会中，学历造假、慈善作秀、名人名不副实……人们开始怀疑一切。也许你曾经听别人这样说过："我百分百相信这个人，他所说的一切我都无条件信任！"在人际交往中，你会无条件地信任一个人吗？除非这个人与你的关系十分亲密，否则你肯定不会有这样的信任感。一般情况下，人们只会相信事实，如果一个人无条件信任你，那么他肯定在与你直接或间接的相处中建立了这样的信任感。

在强关系中，我们往往能够轻松地得到无条件的信任；而在弱关系中，想要获得信任，却不是一件容易的事情。这是我们每个人需要去面对和解决的问题——在陌生人社会，在弱关系中，我们应该如何信任他人？如何获得他人的信任？如何规避被骗的风险？

法学家弗里德曼说过："我们打开包装和罐子吃下陌生人在遥远的地方制造和加工的食品，我们不知道这些加工者的名字或者他们的任何情况。"这就印证了在陌生环境中，人们只能依赖相关条例来获取信任。这也是陌生人社会的本质。

在陌生人社会，信任是有条件的，与熟人社会的无条件信任截然不同。因为熟人社会的无条件信任是以情感联系为基础的，从实质上来看是一种情感信任，就像婴儿会无条件地信任父母一样。这种无条件的信任正是弱关系中缺失的部分。

随着时代的快速发展，很多人早已走出"熟人社会"，每天需要面对形形色色的陌生人。这些陌生人带着各种各样的信息、带着各种各样的目的靠近你。如果你的观念还停留在"熟人社会"，那么你将会难以信任他人，他人也很难信任你。

因此，我们必须学会改变自己的陈旧观念，改变自己的交往模式；要学会培养陌生人社会要求的信任品质，建立广泛的有条件的信任，即理性信任和契约信任。只有观念和行为模式发生改变，我们能慢慢适应弱关系社会里的相处之道，才能有效解除人与人之间的信任危机。对于弱关系里的人，我们不需要无条件的信任，而需要主动积极与其交流，认真分析和辨别他人传递的信息；同时也要真诚待人，以真诚有效的信息换取他人的信任。

在建立弱关系的过程中，我们也要学会辨别各种网络信息的真伪，不盲目相信他人，不盲目传递不可靠的信息。同时，我们也要努力获得他人的信任，不散布虚假信息，不欺骗他人。这样才能让自己有效避免陷入“信任危机”之中。

## 我会损失什么？——划定可承受范围

在强关系中，相互信任是一件轻而易举的事情；而在弱关系中，人与人之间却难以做到相互信任。信任危机让我们与弱关系里的人保持距离，甚至产生猜忌与隔阂。从另一个角度来说，信任危机也是对自身的一种保护。在建立真正的信任感之前，保持距离与猜忌，能够有效防止我们上当受骗、身心受损。

那么，我们应该如何解除弱关系里的这种信任危机呢？最简单的方法就是在决定信任之前，先划定可承受的范围，在内心衡量与权衡，进行风险评估，自问一下：“我会损失什么？”

在思考这个问题之前，我们也要知道另一个事实，就是人人都有“损失厌恶”的心理。相比于得到的快乐，失去的痛苦更让人难以忍受。

经济学家经过研究统计后发现，同量的损失带来的负效用为同量收益的正效用的2.5倍。损失厌恶反映了人们的风险偏好并不是一致的——当涉及的是收益时，人们表现为风险厌恶；当涉及的是损失时，人们则表现为风险寻求。

很多人在预测信任危机的风险时之所以会出现偏差，是因为，在所有人的认知里，损失所带来的伤害要远远大于获得所带来的快感。

在思考损失的过程中，我们首先应该考虑到“机会成本”。所谓机会成本，就是你选择一种方案，而失去其他替代方案的成本。比如在人际交往中，选择与某人交往，就意味着你选择站在他的阵营中，而失去了与他相对立的其他阵营。这样的选择肯定是经过思考的，也是符合自身的社交需求和社交目的的。简单来说，就是“鱼与熊掌不可兼得”。

相对于强关系来说，弱关系的不稳定性往往会带来一定的风险与损失。比如前几年比较流行的微商，虽然朋友圈里有很多处于弱关系中的好友，他们可能是潜在的客户，但产品广告往往让更多其他好友烦不胜烦，在筛选客户的过程中，消耗了大量的人脉关系。

因此，在建立或使用弱关系时，一定要权衡利弊，做好选择——这种弱关系会带来的最大损失是什么？会带来的最大收益又是什么？两者之间应该如何选择？

当你做出最佳选择之后，要把目光放在“可变成本”上面，而不是“沉没成本”上面。可变成本是指那些可以改变、收回的成本；沉没成本是指那些已经付出、不可改变、不可收回的成本。只有“沉没成本”才是真正损失的部分。

如果某些弱关系中出现了信任危机，产生了“沉没成本”，最好的应对方案就是及时止损，果断放弃已经付出的沉没成本。这样才能将自己的损失降到最低。

## 我会得到什么？——衡量未来收益

我们在经营弱关系的过程中，往往需要付出一定的成本。这些成本除了时间和精力，还有自己的资源。资源置换和利益置换是弱关系永续的根本动力。

如果在强关系中投入过多的时间和精力，置换了太多资源与利益，但仍旧没有给自己带来可观的收益。那么，你就可以考虑经营广泛的弱关系。从弱关系中预测“我会得到什么”，这也是建立信任感最有效的方式之一。

当我们可以衡量自己的收益时，就更容易信任对方，并且为自己的未来布局。

在信息化时代，更多的机会来自各界、来自整合，而弱关系能够给我们带来更多的灵感和机会。强关系的小圈子毕竟太小，信息资源都十分有限，很难有突破性的进展。相反，弱关系具备强有力的信息传播能力，我们可以从中得到很多机会从而拓展新的市场，进而打破原有小圈子的局限，形成更广阔的信息网络。

有一个人想创立一家公司，其公司以“健康、财富、内在的平衡、完美的关系、付出的心”为主旨，让员工和客户在其中各有所益。这个想法提出后，他开始与身边的人分享观点，希望能找到一个可以实现想法的机会。没想到，他母亲的一位朋友帮助他实现了他的梦想。那是一位在药材行业打拼 20 余年的阿姨。

广泛的弱关系的价值，就在于为我们提供更多的有效信息，帮助我们在不熟悉的领域发现新的机会和资源，告诉我们“我会得到什么”，让我们能够衡量未来收益，以及预测未来的风险。相比于强关系的经营投入，弱关系需要投入的成本往往更小一些。

# 他们不只是路人甲、乙、丙、丁

## 朋友的朋友的朋友，能为我们带来什么?

我们常听身边的人说“朋友的朋友就是朋友”，其实每一个“朋友的朋友”背后，还有一大群朋友，也就是“朋友的朋友的朋友”。按照这样的逻辑推导下去，每一个朋友背后都隐藏着无限多个朋友。这样的朋友关系网无限巨大，其中任何一个朋友都可能引导蝴蝶效应。

对于普通人来说，大部分强关系都是与生俱来或者不经意间形成的，我们可以将强关系看作是一种天然资源，特别是血缘、地域性、学业历程产生的强关系，比如，出生在什么样的家庭，有什么样的父母，有什么样的家族背景；再比如，老乡与同学关系，我们不跟这些人做同学就必然要跟另外一些人做同学，而这些同学中必然有一部分能与我们产生强关系。

这些强关系不仅能够给我们带来感情上的慰藉，还能够为我们带来更多的弱关系，比如，有一位弱关系中的朋友邀请我们去参加一个饭局，饭局上正好有朋友的朋友，还有朋友的朋友的朋友，这样一来，我们又多认识了很多朋友。至于和他们的关系远近，完全取决于后续的交往。这就是我们通过强关系形成弱关系的过程。这时，很多人会想：这种强关系带来的弱关系，能够为我们带来什么呢?

首先，我们要明白，强关系与弱关系是可以相互转化和产生的，强关系所产生的弱关系充满未知，而正是这些未知，也能带给我们机会和发展。当我们需要别人为我们带来价值时，我们要知道怎么样才能让对方愿意给我们带来收益。这些收益往往需要我们等价交换，它源于人本来对平等的不断追求，这样的等价交换一般分为两种：双方体量价值对等和不对等。前者是将双方维持在一种和谐的平衡关系中，对于半熟人而言，大家初期都愿意进行价值的交换。而随着双方感情渐渐深入，双方彼此有更多的了解，这样的关系就会转为强关系，有了基础性的支撑，就会出现后一个情况，高低不均，高的一方有更多的主动权，低的一方需要从高的一方求得利益。以等价交换的形式来看，人际关系会逐渐变得勾心斗角，交际双方便会时时缺少安全感。

因此，当我们在思考朋友的朋友的朋友能够为我们带来什么之前，应当先衡量一下自己——我们能够为对方带来什么？这种相互的价值交换不仅是一种共赢，更是经营弱关系的重要条件。在这样的相处模式之下，彼此的收益也是巨大的。

## 早点摊主比男朋友更了解你的饮食习惯

很多人认为，最了解自己的人，一定是自己，是亲人或者爱人，至少应该是强关系里的人。但世事无绝对，很多时候你并不完全了解自己，而强关系里的人可能也并没有那么了解你。比如，早点摊主可能比男朋友更了解你的饮食习惯。比如，经常光顾的服装店老板可能更了解你的着装喜好。这些弱关系里的人，可能会比你想象的更加了解你，并且影响着你的生活。

事实上，“强关系”的存在意义，更多是给我们情感上的寄托与精神上的慰藉。当我们遇到烦心事，感到抑郁、迷茫、无助的时候，如果只靠自我消化，可能很难自己走出来。这时候，就需要亲人、朋友的开导与关怀，需要约上三五好友，聊天倾诉。这样我们才能更快地从负面情绪中走出来，让自己满血复活。这显然是强关系中的人才能帮助我们做到的事情，而弱关系中的人显然无能为力。因此，在建立人脉关系的时候，我们一定要分清，哪些人可以建立强关系，哪些人可以建立弱关系。

无论学历高低、官居何职、财富多寡，只要两个人的认知同步、三观相符、志趣相投，就可以建立强关系，成为好朋友、好闺蜜。当你心情低落、遇到挫折想要倾诉的时候，这类朋友将是你最好的选择。不过，强关系里的人，在事业、经济和利益方面，能够给予你的帮助可能并不多，他们更多是为“交心”而存在的。

不看人品、不看长相、不看智商，只要在某些方面能够互惠互利，有一定的利用价值，或者有潜在的价值，就可以与其建立弱关系。弱关系里的人，平时很少联系，也很少会有情感上的交流，更多只是存在于利益关系中，只要联系就是谈合作、谈利益。大家都心知肚明，又都有一种默契，那就各取所需，互相也不会觉得尴尬。

我们不能固化地看待强关系或弱关系，因为两者并非固定不变，而是随时随地都发生着微妙的变化，彼此之间甚至可以实现相互转化——随着时间的推移，以及交流上的深入，有的弱关系也会慢慢变强，而有的强关系也会慢慢变弱。

我们既要看到强关系和弱关系的作用与变化，也要学会将不同的人放在不同的关系里。比如，我们可以将早点摊主、服装店老板等人放在弱关系里面。虽然你不用与他们交心谈心，寻求感情和心理上的慰藉，但他们却有其他方面的价值。

如果你经常光顾某个早点摊主，那么他对于你的饮食习惯必然十分了解，可以帮助你快速选择你想要的早点。同样的道理，如果你经常光顾某家服装店，那么这家服装店的老板必然对你的穿衣风格以及偏好都了然于心，他们能将你最喜欢的、最适合你的服饰推荐给你。这样一看，哪怕这两者和你只是弱关系的朋友，却实实在在给你的生活带来了便利。

换个角度来说，如果你能和早点摊主或服装店老板成为朋友，经常来往，也有可能建立起强关系。这样一来，有朝一日，他们背后隐藏的巨大人脉网络也会帮助到你。

所以，在建立弱关系的过程中，我们不能忽略这样一群人，他们可能是早点摊主、服装店老板、水果店老板、奶茶店的服务员，甚至是电影院的售票员……与这些人建立起弱关系，说不定某一天他们就能给你提供帮助。

## 没有永远的敌人

在人际交往中，我们不能完全固化地看待身边的朋友或敌人，因为他们随时会相互转化。也就是说，朋友也有可能变成对手或敌人，而敌人也有可能变成朋友或合作伙伴。比如，在职场竞争中，你以为身边的人不是敌人就是朋友，或者敌人的敌人就是朋友。这种错误的认知观念，常常让你吃尽了苦头。对于敌人和朋友，很多人的认识都是固化的，这就导致了感觉上的偏差。

人与人之间的关系，时常会发生微妙且复杂的变化。这种变化会受到时间、利益、心情、个人偏好等诸多因素的影响。有些人本来是很好的朋友，但随着时间的推移和环境的变化，彼此的关系却越来越疏远，比如，上学时的知心好友，毕业后各奔东西，几年过去，关系就没那么亲密了。

还有些人本来是敌人，是竞争对手，或者彼此之间曾发生了不愉快的事。但时移世易，由于利益上的牵扯，两个人又站到了同一个阵营上，成了战友、合作伙伴，甚至是好朋友。很多时候，我们总是固化地看待某些关系，殊不知这些关系也会发生变化，也需要经营。

丘吉尔说："没有永远的朋友，也没有永远的敌人。"这样的认识或许可以帮助我们改变自己的固化思维。友谊不是合作的必要条件，哪怕是敌人，只要满足了关系持续、互相回报的条件，也有可能合作。而朋友不一定都会给你带来益处，因为与朋友合作的时候也经常会出现分歧。

现代社会中，竞争是一种常态。如果你身边没有强大的敌人，自己的潜能也得不到发挥，你就不可能成为真正的强者。所以说，你不能害怕或拒绝身边的对手，他们很有可能就是你成长和进步的助力。我们更不能固化地看待与对手和朋友之间的关系，即使是对手也能成为朋友，而朋友也可能是最强劲的对手。最重要的是以“双赢”为目的去竞争，让彼此都获得发展。而在建立弱关系的过程中更是如此，我们决不能固化地看待朋友或敌人。

## 等待被挖掘的宝藏

网络上非常流行“宝藏青年”“宝藏男孩”“宝藏女孩”这些名词。那么，到底什么是“宝藏 xx”呢？其实“宝藏 xx”一词是由原来的贬义转化为了褒义的，之前“宝藏 xx”是形容某个人的黑料太多，怎么挖都挖不完。现在“宝藏 xx”是形容自己身边的人或者网络上的陌生人因为一些不为人知的才华而慢慢被大家看到，进而被深深吸引，表达的是他们近乎完美的意思。

这些“宝藏 xx”之所以被发现，一是因为能力，二是因为机会。而在这个世界上，还有太多太多的“宝藏青年”等待被挖掘。

斜杠和低调是我们能从“宝藏 xx”身上发现的两大特质。他们拥有过去网络流行的斜杠人类的好特性。斜杠青年，最初来源于《纽约时报》作家麦瑞克·阿尔伯写的《双重职业》，意思是指一群青年不满足于一种职业进而选择多重身份的生活，他们是一群追求生活多元化的人。由于他们在介绍自己时会用斜杠来表述自己的职业，例如小明，作家 / 摄影师 / 设计师，“斜杠青年”由此得名，并成为这个时代的标志。

拿斜杠青年与“宝藏青年”相比较，会发现他们都能在多个领域提起兴趣，加以深入研究，并将这种兴趣变成一种事业，而兴趣能作为一种动力，一直推动着他们向前发展，因此，这类人的思想和能力都能跨越到另一个高度。在工作中，因为是自己热爱的职业，就会全心全力去完成。这样，相同的工作，他们从中收获到的却要比常人多很多。

“宝藏青年”还有另一个优点，就是低调，如果不与他们深交，他们的过人之处我们并不能直接发现，但如果与他们关系密切起来，就会慢慢发现他们那些过人的地方。这就像是一个寻宝的过程，通过与他们交往的深入，他们身上真正的价值就会慢慢被发现，“宝藏青年”也因此得名。

我们在建立弱关系的过程中，要学会挖掘“宝藏”。如果能够与那些优秀的“斜杠青年”做朋友，我们也会渐渐变得更加优秀。人生的奥妙之处就是与人相处，携手同行。生活的美好之处就是送人玫瑰，手留余香。人生就是如此，如果你想变得更加聪明，就要和聪明人在一起；如果想让自己变得更加优秀，就要和优秀的人在一起，让自己出类拔萃。

## 你可能认识的人——大数据时代的共同好友

马云在描述大数据时代时曾说：“很多人还没搞清楚什么是PC 互联网，移动互联网来了，我们还没有搞清楚移动互联的时候，大数据时代又来了。”

什么是大数据呢？简单来说，就是世界各地随时产生的海量信息或巨量信息。大数据时代用公式来表示，就是“大量数据 + 云计算 = 大数据时代”。在大数据时代，任何微小的数据都有可能产生不可思议的价值，同时也让我们在巨大的混乱的信息中看到秩序和无限的可能性。

最早提出“大数据”时代到来这个概念的是全球知名咨询公司麦肯锡。麦肯锡公司曾指出：“数据，已经渗透到当今每一个行业和业务职能领域，成为重要的生产因素。人们对于海量数据的挖掘和运用，预示着新一波生产率增长和消费者盈余浪潮的到来。”

“大数据”不仅在物理、生物、金融、军事、通讯等领域应用广泛，而且随着互联网及信息行业的蓬勃发展，对于人们的日常生活、学习、购物、交友的影响力也会越来越大。

“大数据”确实给我们带来了许多便利，让我们足不出户，便能与外界沟通；无须用脚步去丈量大地，也能知晓各地奇闻；不用走进购物商场，也能买到自己想要的东西……尽管“大数据”可能会危及个人隐私问题，但从宏观上来看，更多的还是让我们的生活变得更加便利。

有关“大数据”最早、最著名的例子，来自美国第二大超市塔吉特百货。美国明尼苏达州的一家塔吉特门店曾被客户投诉了。投诉者是一名中年男子，他指控塔吉特将婴儿产品的优惠券寄给了他的女儿，而他的女儿还是一名高中生。不过，没过几天，这名中年男子便打来了电话道歉。因为他的女儿在被逼问下承认自己真的怀孕了。塔吉特百货之所以给一位高中女生寄去婴儿产品的优惠券，正是因为分析了用户所有购物“大数据”。

虽然有些“共同好友”你并不认识，但他们仍旧是你扩展人脉关系、发展弱关系的“秘密基地”。你可以点击“共同好友”，查看个人资料，发起临时对话，甚至可以直接添加为好友。现在很多App都有“共同好友”推荐，借助这一功能，会让你的人脉圈子越来越广。

不过，看似无比强大的“大数据”背后，可能也隐藏着危机——你在发展弱关系时，会不断接收到陌生人的骚扰。由于好友圈子功能，你的个人信息在一定程度上正处于公开状态。所以，你要留意一下，不能让自己的隐私受到侵犯。

中国科学院院士冯登国长期从事网络与信息安全研究，他曾一针见血地指出：“大数据时代，只有相对隐私，没有绝对隐私。”在大数据背景下，由于数据挖掘与深度学习等人工智能的方法被广泛运用，用户的敏感信息很容易被推测出来，比如通过弱关系、共同好友关系等，发现用户之间隐藏的社交关系；或者通过用户以往轨迹及社交关系，推测出用户可能出现的位置等，这让用户的隐私受到极大的威胁。

从硅谷到北京，从PC互联网到5G时代，随着智能手机、智能手表等可随身佩带的电子产品深入千家万户，我们的行为、位置，甚至是生理数据的变化，都变成了可被记录和分析的数据。

耶鲁大学教授维克托·迈尔-舍恩伯格教授在《大数据时代》一书中曾说：“大数据的真实价值就像漂浮在海洋中的冰山，第一眼只能看到冰山的一角，绝大部分都隐藏在表面之下。”

我们既要看到大数据背景下隐藏的危机，也要善于利用大数据。那些出现在你朋友圈子里“可能认识的人”，你都有可能与其建立起弱关系，甚至成为你真正想要认识的人。

# 弱关系并不是“万能钥匙”

## 弱关系会加重功利社会的人情淡漠吗?

社会快速发展，城市化进程也在不断加快，这让每个人的生活都变得紧张而忙碌。大家都专注于做自己的事情，对于他人往往冷眼旁观。即使面对他人的求助，也很少有人有时间站出来帮助。

在弱关系中，这种淡漠、功利的心态可能并不明显。但是在弱关系中，社会的功利化却十分显著。这样说来，弱关系会加重功利社会的人情淡漠吗？从本质上来说，答案是肯定的，毕竟弱关系中没有太多感情基础，更多的只是价值交换，只是资源共享。弱关系本身就带有一定的功利性。

不过，从社会学的角度来分析，加重功利社会人情淡漠的原因主要有三点：

第一，实际的人际交往机会减少。

在未完成城市化进程的农村，人们相互熟识，而随着城市化进程的不断发展，村里的人们也渐渐都住在了“方格房子”里，失去了彼此间亲密的联系。人们每天都在为了自己的事奔波忙碌着，甚至在同一小区住了几年也不知道自己的邻居是谁。而相较于这样的城市，农村的邻里关系显得相当和睦，街坊们十分亲近，出门遇到就会打招呼，各户之间也相互帮助。那么，回过头来我们会想，又是何种原因导致城市中的人关系淡漠呢？有人认为，人们之间距离感的产生，是因为彼此之间来往减少造成的，对于接触过的人还会有猜忌和偏见。人们长期处于这样的弱关系中，社会也就变得越来越冷漠。

第二，社会向个体主义发展。

目前，社会的发展趋势正由集体主义向着个人主义发展，自我成绩被人们时刻关注着，而对他人的好奇心与热情却在减少。实现自我价值是个体主义的核心，也正因为如此，我们开始对他人冷漠起来。但这并不是弱关系造成的，这更多是由于心理机制造成的。人的精力不可能随时充沛，当精神疲惫时，我们的大脑就会开始懈怠。于是面对那些不属于我们责任范畴的人，就不会再浪费精力。

第三，对周围环境的信任度降低。

随着人际关系的不断降温，一个人的善良就可能会被利用。有位年轻人扶起一位摔倒的老人，结果老人站起来后指着年轻人说是他干的……类似这样令人寒心的事件不在少数。时间一长，身处社会中的我们就会对善意的行为产生抗拒，担心帮助别人会害了自己。也就是因为这样，社会间人与人的信任度渐渐降低，我们也会选择以冷漠对待陌生人，以此来确保自己不会惹上事。显然，促使社会冷漠的真正原因是人与人关系的疏远，人们对自身价值的追求，以及这些利用善举作恶的行为。这样不断循环下去，冷漠处事便蔚然成风。

人与人之间过于冷漠、功利，对于整个社会来说，对于人与人之间的交往来说，都是不好的。毕竟爱与关心是人的基本心理需要。如果在弱关系中过于功利，同样会导致很多交际问题。

如果想要创建一个和谐、温暖的社会环境，如果想让弱关系不过于功利化，就要从自身做起，从生活中的小事做起，学会关爱他人，同时学会感受他人的关心。如果能够向弱关系里的人表示出自己的善意，那么将弱关系变成强关系也不是不可能的事情。

## 把握好互相利用的尺度

尽管弱关系会给我们的生活、学习和工作带来很多便利，能够帮助我们解决很多问题，但它毕竟不是一把“万能钥匙”。我们在建立和利用弱关系的时候，也要把握好尺度。

弱关系的基本原则就是“共赢”或者“互惠互利”。这和中国人的“礼尚往来”有些相似。在建立弱关系时，只要我们态度和气，对方也同样会以和气的态度对待我们；如果我们对别人不礼貌，别人可能也不会尊敬我们。在心理学上，人的这种行为被称为“互惠心理”：在每个人的内心深处都有一杆“公平秤”，“将欲取之，必先予之”“你敬我一寸，我敬你一尺”“欠债还钱，理所当然”“你犯狠，我比你更狠”……

人们的这种“互惠互利”的行为或心理，如果保持的时间够长，就会形成一种“共生关系”。

我们知道，自然界中许多生态系统都依赖于物种间的共生关系，比如珊瑚与藻类之间、海葵与小丑鱼之间、蚂蚁与某些植物之间，都存在着共生关系。它们相互依存，密切地生活在一起。同样的，人与人之间，其实也存在着“共生关系”。人是群居动物，只有在群体社会中才能更好地生存，一旦脱离社会群体，人的生存状态及心理状态都会出现危机。

在犹太经典《塔木德》一书中有这样的一句名言："和狼生活在一起，你只能学会嗥叫，和那些优秀的人接触，你就会受到良好的影响。与一个注定成为亿万富翁的人交往，你又怎么会成为一个穷人呢？"

在与人交往的过程中，我们都应该建立这样的共生思维——与优秀的人交往，在潜移默化中受到影响，自己也能渐渐变得优秀起来。如果我们已经足够优秀了，那么就与更优秀的人交往，这样也会产生共生效应，取得更加卓越的成就。

"共生思维"还告诉我们，这个世界上没有永远的敌人。即使是敌人，如果能给我们的人生带来成长，那么他们也能成为我们的朋友。当然，任何事情都讲究"过犹不及"，无论是互惠共赢还是共生关系，都必须把握好尺度，太过头了对谁来说都不是好事情。

因此，我们必须有自己的原则与底线，要学会识别他人有目的性的施惠行为，对于自己不喜欢、不愿意接受的事情，要及时拒绝，不要因为亏欠感而做出违背自身意愿的事。

我们也不能无底线地对一个人好，那样可能会让自己形成"讨好型人格"。即使帮助别人，也应该建立在互惠互利的平等关系上，而不是委屈自己，成全他人。

最后要记住一点："帮人一时，不能帮人一世。"长期无底线地帮助一个人，会让对方养成依赖性，让他觉得你的帮助是理所当然，哪天你不帮助他了，便会让他产生巨大的落差感。

## 不吹不黑，始终保持灰度认知

年轻的时候，我们认为这个世界非黑即白、非对即错。每每与人争辩时，总会据理力争，非要争出个定论来证明自己的观点。

随着年龄的增长，经历的事情多了，遇到的人多了，见识也增长了，这时才渐渐知道，生活中的一半事物都未被定性，世界上除了黑与白，还有一个“灰色地带”，那里存在太多不确定的东西——对或错，是社会根据法律、道德、习俗所做出的约定。如果世上的所有事物都能用对错来衡量，那么做出判断就会变得十分容易了。

然而，在由人组成的社会关系里，并没有那么明确的界限，其中存在太多的不确定性。那是一个极为广阔的灰色地带，任何一件事物都需要我们利用自己的知识做出选择和判断。人的智慧，正好能够体现在面对不确定事物的选择之上。

在我们的认知里，不黑不吹的中间地带可以称为“灰度认知”。灰度认知的意思是我们要用包容、多元化的心态看待、了解这个世界，不偏激，不片面。正所谓“小孩子才分对错，成年人只有利弊”。一个人越成熟，越会发现一个道理：现实中的事物往往不是非黑即白、非对即错，现实中的人也并不是非善即恶、非敌即友，它们之间可以随时转化，甚至自身也在不断变化之中。

弱关系的价值也是不吹不黑的——我们不能过度轻视它，不能总将生活和工作的重心都放在强关系的建立与经营之上；我们也不能过度依赖它，总是消耗自己的弱关系。

在建立、经营、拓展弱关系的过程中，我们要看到弱关系有利有弊的两面性。弱关系虽然可以给我们带来巨大的利用价值，但它不是一把“万能钥匙”。我们既要学会利用弱关系来创造价值，也要坦然接受弱关系可能带来的一切不良后果。

不吹不黑的理论依据，就是事物的不确定性。可见，我们不能固化地看待事物，而应该用发展的眼光，看到所有事物的不确定性。

生活中充满各种不确定性的事物，凡是未来将发生的、我们无法准确预知的事物，都充满了不确定性，比如，明天的面试能不能通过，接下来的约会是否愉快，相亲的对象是否符合自己的标准等。生活中绝大多数事物都具有不确定性。弱关系也是如此。当生活中有了不确定性，就成了“一切皆有可能”，因为谁也不知道最终答案，好或者坏各占一半，这才让我们有了拼搏的动力，这也是我们希望的来源。

或许我们无法预见不确定性中隐藏的结果，但我们可以坚定自己的信念——无论结果是好是坏，我们都能从容应对、坦然接受。

# 第三章

# 弱关系的“脱敏治疗”

## 我们为什么会抗拒行为模式的改变？

### 难以舍弃的强弩之末

无论世界哪个国家、哪个地区，依赖强关系找工作、租房子、行便利等，都不是什么新鲜事。那些总是依赖强关系，总想走后门的人，往往是没有技术、没有能力，甚至道德不高的人。当然，这只是相对来说，并不是绝对来说。因为有的强关系同样作用巨大，比如依靠强关系经营的家族企业等。另外，是否依赖强关系，还要看社会经济大环境。

如果是在经济腾飞的时代，整个社会体制往往都是高效而廉洁的。这时候，走后门的人往往是能力不足甚至就是来当混子的。社会上遍地都是机会，只想着朝九晚五工作的人，又有什么前途呢？

在经济不发达的时期，我们想做好一道菜，只需要青菜、刀、切菜板、猪油、调味品等；而在经济发达的时期，厨房里会有好几把刀，会讲究菜板是木头制的还是竹制的，会有不计其数的调味品，会有五花八门的食材。

可见，只要社会经济大环境是好的，人们的生活水平就不会差，这样人们才有时间、精力和能力去进行艺术、文化创作。这时候的人普遍具有较高的素质，走后门的人也比较少，对于强关系的依赖也不强。相反，如果经济不景气，就算你满腹经纶，也有可能流落街头，走后门的人也就很多了，大家对于强关系的依赖也会越来越强。

尽管走后门的现象自古有之，未来很长一段时间也不可能完全消失，但在社会经济大环境日渐转好的大环境之下，强关系渐渐变成了强弩之末。

当“熟人无用”的时代真正到来之前，我们应当尽量去改变自己的行为模式和思维模式，努力去拓展更多的弱关系，否则只会与社会脱节，最终被时代淘汰。

## 改变会带来风险

很多人都会抗拒改变，只想和熟悉的人待在一起，只想做熟悉的事情，只想过安定的生活。这是人的天性使然。

《周易》中有句话叫“穷则生变”，意思是说，当事情发展到了极限，必然就要改变。可是如今的世界用“不变则穷”来形容会更加合适——我们生活中的一切，发展都如此迅速，如果不主动改变，最后只能被远远甩在后面；不抢先成长起来，就会被竞争对手打得猝不及防；如果不走出熟人世界，去陌生人世界建立更多的弱关系，便只能局限在自己的小世界、小圈子里，舒适安逸，却难以发展……

为什么人们会抗拒改变呢？因为人们总想让自己的内心始终处于舒适区中，哪怕所获得的“安全感”十分有限，并且十分脆弱，经常会受到外界的影响。

在舒适区中，人们能够获得“熟悉感”和“安全感”，并且建立起深深的“认同感”，认为这就是自己的“生活”，这就是自己拥有的“全部”，如果失去这些东西，自己就会变得一无所有，变得不知所措，因此会更加抗拒改变。

当改变真正发生时，人们的内心会出现短暂的“不确定感”，即“陌生感”或者说“不安全感”。如果能够战胜这种

“不安全感”，我们就不会害怕或者说抗拒改变了。相反，我们会因为改变而获得“新生”，放弃原有的生活模式，进入全新的生活状态中。

改变就意味着承担未来的“不确定性”，如果一步走错，则有可能满盘皆输。这时候，自我防御机制就会站出来对你说：不要去冒险，你现在过得很好，一切都很安全。在这样的舒适区待久了，人会渐渐失去斗志，渐渐变得懒惰，不愿意接触新鲜事物，不愿意结识新的朋友，不愿意改变原有的生活模式。比如，很多人在考虑跳槽这件事情时，通常会犹豫不决，一方面想要离开原来的公司，寻求更好的待遇和更好的发展；一方面又害怕跳槽之后一切重新开始，无法适应新的工作环境。更重要的是，跳槽需要离开强关系中的同事、邻居，然后与新的同事、领导建立弱关系，这无疑需要承担巨大的风险。很多人因为害怕这种改变始终没有勇气跳槽。

很多人将“不变”当成一种美德，一种约定俗成的褒奖，然而“不变”也会成为一种束缚。安于现状，保持原有的生活模式，能让我们感觉“熟悉”和“安全”，但同时也意味着不思进取，因循守旧，渐渐就会失去创新的能力。

## 风险也会带来转机

人际关系的建立是一盘大棋，我们每一步的选择都决定了棋局的走势，最后落在哪一个环境，与每一步紧紧相扣。然而，即便是棋盘大师，也无法确保自己所走的每一步棋子都是正确的，都能让最后的棋局获得胜利。更多的时候，人们还是需要冒险的，需要在未知中孤注一掷。这便是人们常说的“成功细中取，富贵险中求”。

在商场上，风险与财富并存。正如犹太经典《塔木德》中所说：“当机会来临时，不敢冒险的人永远是平庸之辈。”为什么犹太人善于经商，很会赚钱？因为他们敢于冒险，更懂得风险会带来转机。他们认为，商战的法则就是：财富永远和风险结伴而行，风险越大，赚钱越多；财富是风险的尾巴，跟着风险走，随着风险摸，就会发现财富……

世界上很多事情都具有风险性，商场上是如此，社交选择是如此，弱关系的建立更是如此——所有改变、所有尝试、所有突破，都具有风险性。那么，我们交朋友时会面临什么样的风险呢？

很多人都知道“多个朋友多条路”的道理，但结交的朋友太多，也会有一定的风险，比如，容易出现无效社交，没有那么多精力去经营过多的人脉关系，朋友多而不精等问题。

古人说：“道不同不相为谋，志不同不相为友。”如果结交的只是一些酒肉朋友，在遇到困难需要帮助时，他们可能不能为自己带来任何的帮助。人生中虽然难得一知己，但结交朋友时一定要志同道合，三观一致。道不同，志也不同，最后肯定会出现矛盾、分歧，甚至是利益上的冲突。这时候，你结交的朋友，可能就是你成功路上最大的隐患。

现代人说：“社交有风险，交友需谨慎。”这句话更多的是针对社交网络说的。如今互联网高速便捷，人们通过社交软件可以轻松实现异地交友。在身份、年龄、性别、职业等基本信息匮乏的情况下，人们依然可以聊得热火朝天。为此，在很多新闻报道中，我们看到各种各样因为网络交友而上当受骗的人。他们被骗财、骗色，甚至为此失去了宝贵的生命。这些都是交友过程中可能会遇到的风险。

在弱关系中，交友的风险系数会更高。因为我们与弱关系中的人有一定的距离，彼此了解不够深入，也缺乏相互的信任。所以在运用弱关系时，我们也要有一定的风险意识，懂得去分析，去判断，去做较为深入的了解。

当然，我们也不能因为风险的存在，便对交友这件事情感到害怕或者恐惧，那样等于是因噎废食。事实上，生活中做任何事情都有可能面临风险，但我们依旧要勇往直前，去面对风险，去承担风险。或许，你选择信任的弱关系，最后会带给你意料之外的惊喜！

# 精英社群也能变成乌合之众

## 群体对个体的行为塑造力

任何一个社会群体都是由不同个体组成的，个人的言行往往会通过群体效应与其他人发生密切的关系，所以群体成员之间也会相互影响、共同进步。相反，群体的特征同样会影响到个人的行为。

所谓群体，是指目标统一、在心理上相互认同、通过某种方式联系在一起的两个及以上人群。个体在群体中的行为和独处时的行为往往存在一定的差异。个体组成的群体，会产生群体影响、群体气氛和群体思维，这是个体所不具有的现象。另外，群体对个体的行为具有一定的塑造力，其塑造方式有三种：

第一，社会助长与社会惰化。在场合变化中会提高人的警觉，唤起我们被评价的意识，我们更渴望知道别人眼里的自己，进而对行为效率产生提高和降低的影响。这种受他人在场影响促进效率提高或者降低的现象分别叫作社会助长和社会惰化。而社会助长和社会惰化都能受群体背景影响，这就归咎于任务的本质以及个体行使任务的能力。

第二，去个体化。个体贡献在群体之间不易区分，而个体行为又在社会责任中显得分散。相较于独自工作，个人行为在被批判时产生的焦虑也会有所下降，个体的努力程度也会相应地降低。行为结果与个人关系差之甚远时，社会惰化也会随之而来。

第三，群体决策。目前我们面临个体风险向群体风险转变的风险，而群体决策的风险要更大，会出现群体极化和趋同的思维。群体极化导致其成员思想形成倾向，将会向着冒险的方向转移，而独自裁决能避免这样的风险。冒险转移是为了挽救这样的局面。相较于群体极化，群体趋同会将成员思维高度提到一致，当群体思维大致相同，内部通过再次抉择产生新结果。

人是社会和群体性动物，人与人之间的交往与交流，是生存所需，也是发展所需。群体对个体影响巨大。如果我们无法离开群体，就要学会适应群体，同时也要在群体中保持自我，不盲目从众。只有达到两者平衡，才能不断进步。

## 盲目排外必然导致故步自封

历史的教训告诉我们：大清帝国的陨落虽主要是外国侵略，但很大一部分原因是，领导者观念陈旧、故步自封。由此我们可以得出，如果失去与现代化连接的机会，落后便是不可避免的。

在人际交往中，很多人也会出现盲目排外的情况，比如过度重视强关系，只与亲近的人相处，只接受好朋友的意见或建议，只想待在熟人的圈子里面；对弱关系却过度忽略，不愿意结交新朋友，不想拓展自己的社交圈，只想在舒适区里来来回回。这种盲目排外的心理，与清政府的故步自封有何区别呢?

“盲目排外”就是盲目排斥外界的所有东西，不加以区分，好或坏的东西通通排斥在外。这是一种典型的封闭主义思想。

世界上任何一个国家的文明或者文化，无论曾经多么辉煌、多么耀眼，如果这个国家只沉醉于自己过往的成就，固步自封，封闭排外，不知进取，不愿创新，那么必将走向衰败。这也是文明和文化传播与发展的基本法则——唯有与外界交流，不断创新，才能获得进步与发展。

现代社会讲究“全球经济一体化”，想要获得文化上的进步，不仅要让我们的文化本身更加丰富、更加吸引人，还要与外界不断产生交流与碰撞，这样才能实现真正的突破与跨越式进步。国家曾发布《关于实施中华优秀传统文化传承发展工程的意见》，鼓励大家弘扬传统文化，其中明确写道：“坚持交流互鉴、开放包容。以我为主、为我所用，取长补短、择善而从，既不简单拿来，也不盲目排外……”可见，真正的文化上的自信，并不是通过盲目排外获得的。

在人际交往中也是如此，对于弱关系中的人群，我们不能盲目“排外”，而应该采取开放的态度——懂得尊重与欣赏，也懂得学习与借鉴。

古人曾说：“以人为镜，可以明得失。”那些盲目排外的人，最终只会故步自封，沉浸在自己的世界里，永远无法看清自己，更谈不上改变和进步。只有不盲目排外，才能“以人为镜”，看清自己的优势与劣势，不断获得提升与进步。

我们不能让历史的悲剧发生在自己身上。盲目排外的最终结局就是故步自封、自以为是。而乐于结交新朋友，勇敢拓展自己的交际圈，不害怕改变和革新，则会塑造全新的自己。

## 近视的眼睛＋有色的眼镜＝扭曲的现实

如果你听说过“邓巴数定律”，就会知道一个人最多可以维持150个稳定的社会关系，其中还包括和自己很熟的人，比如亲朋好友、同事同学、合作伙伴等。在这150人中，约20%由强关系连接，约80%由弱关系连接。

传统观念告诉我们，应该重视强关系，因为我们与某些人的关系越熟，就越有价值。直觉也告诉我们，想要获得帮助，想要获取信息或资源，应该从强关系入手。可现实数据却给了我们重重一个耳光——如果你想了解一个新的领域，想要找一份新的工作，想获取新的商业机会或信息，弱关系往往会给你提供更大的帮助，为什么呢?

这是因为，弱关系连接起的原生社群具有很强的重叠性与一致性。强关系中的人紧密连接在一起，眼界和思想相差无几，可利用的资源早已用尽，信息量也几乎饱和，很难再产生新的思想、新的观念、新的机遇和新的信息。处于这样的强关系中，哪怕是精英群体，也会出现“近视的眼睛”和“有色的眼镜”。

“近视的眼睛”是指，处于原生社群的人目光会越来越短浅，就像井底之蛙一样，夜郎自大，以为自己看到的小小井口就是世界的全貌。“有色的眼镜”是指，处于原生社群的人会带有集体性偏见，因此一些由强关系连接形成的社群会让人无法真正理解现实，从而出现认知偏差，比如精英群体也常犯低级错误。

如果我们无法摆脱传统的观念，总是将交际的重点放在强关系上，久而久之就会拥有“近视的眼睛”和“有色的眼镜”。那样我们也将故步自封，只能看到强关系中形成的狭小的、扭曲的世界，而无法看到原生社群以外的广阔的、真实的世界。

我们知道人是群居的动物，无论是精英还是普通人，大家都生活在各种各样的群体中，在相互影响下很容易形成群体性认知偏差，比如，在一个群体内，大家都在“啃老”，大家都认为“啃老”是正确的，大家都在宣扬“啃老”的行为，那么你也会渐渐接受这种观点，并且付诸行动。其实，这就是群体性认知偏差。

那么，我们应该如何走出强关系连接成的原生群体，让自己获得更多全新的资源和信息，让自己的眼界和思维更开阔呢？最好的方法就是走出原生社群，迈出探索创新的第一步，去建立弱关系。

虽然一个人能够维持的社会关系并不多，其中弱关系的占比也并不大，但我们不能忽略它。因为任何一种弱关系的建立，都有可能帮助我们打开全新世界的大门，给我们提供全新的资源，让我们获取全新的信息。

## 社交恐惧症的本质

### “内向”不想帮你背锅

有些人性格比较内向，生活中经常会出现这样的情况：在某个公共场合遇到熟人，会刻意避开；手机提示音响起，会莫名其妙地紧张、焦虑；在与人沟通时，不敢轻易表达自己的观点；害怕参加有太多陌生人的聚会……或许有人会认为，这是性格内向导致的问题。但如果以上这些情况已经十分严重，甚至影响到你的生活与工作，那么就要小心提防了。因为这有可能是社交恐惧症的表现。很多人害怕与陌生人交流，害怕建立弱关系，通常不是因为性格内向，而是因为患有社交恐惧症。

我们常常会将内向当作社交恐惧的根本原因，但实际上，它们之间并没有太多的瓜葛。内向指的是，人与人交际时不善于表现自己，将什么事都隐秘在心里，不愿意与人诉说。内向者内心可能十分丰富，但在与人交流时却缺乏负面情绪的调控。而社交恐惧是指，在我们所处环境中，大脑会不自觉地产生一些控制情绪行为的消极想法，促使我们拒绝社交。

社交恐惧症也称为社交焦虑障碍，它是不分年龄、性别的，没有具体的致病因素。而症状多表现为害怕别人对自己的审视，对于他人的关注过于紧张害怕。在外出行时，他们总会担心别人以什么样的目光看待自己，这可能会导致他们不爱出门，将自己封锁到一个小角落里，进而回避社交，社会隔离也因此形成。

社交恐惧症通常有以下几个特点：

第一，负面情绪持续环绕，任何事都要往坏处想，处事悲观。例如，聊天时，仅仅是因为一时的聊不开就断言自己交际弱、不合群。

第二，内心的自卑促使自己担心在别人面前展露出不好的一面。也是因为这个原因，社交恐惧症者会刻意在别人面前乔装自己，希望自己以一个比较好的形象出现，因此对于自己的衣着举止都刻意要求。

第三，他们对自己过于要求，期望自己达到完美，觉得不论何种场合自己都必须运筹帷幄，但实际却并非如此。

第四，对自身过度审视，将所有的责任都推到自己身上来。比如与他人吵架，总是将过错揽到自己身上。

第五，过于在意别人对自己的看法，常常揣测自己在别人心里到底是什么样的形象。担心自己说错话惹得别人不高兴，于是选择沉默。

社交恐惧症对于弱关系的建立同样影响巨大。那么，我们应该如何克服呢？

第一，改变错误的认知，并且学会倾听。在人际交往中，别人与我们的兴趣、观念、思想不同是很正常的事情，并不是别人对我们存在敌意。我们要学会倾听他人的想法，改变自身错误的认知，求同存异，利用他人的正确观念，不断弥补自身的不足。

第二，丰富业余生活，增强自信心。如果能够将时间和精力投入到自己感兴趣的事情中，就可以通过小事积累自信，培养乐观的心态。比如，去学习新的知识与技能，多与兴趣爱好一致的人建立弱关系等。

第三，学会分析事物，保持自我本色。这个世界上没有绝对完美的人，每个人都有可取之处，也有不足的地方。因此，我们不能看轻自己，在社交中出现尴尬或矛盾也很正常，不必过于自责与不安，要勇敢表达自己的想法，做自己认为对的事情。

## 没有人是一座孤岛

美国作家加·泽文在《岛上书店》中写道：“没有谁是一座孤岛，每本书都是一个世界。”

当我们感到孤独的时候，总以为自己与人群格格不入——别人灯红酒绿一起狂欢，自己却独自待在角落里，仿佛被全世界抛弃一般。可事实上，没有人会是一座孤岛，哪怕离群索居，也始终与外界、与他人保持着一定的联系，只不过联系较少而已。

很多时候，孤独感并不来自被他人抗拒，而是自己的内心画地为牢。心理学家将孤独分成两种类型：一种是有形的孤独，一种是无形的孤独。

在人际交往中，那些过于偏激、缺乏团队精神的人，容易让自己陷入孤独的境地。这就好比把自己置于深山老林中，周围看不到半个人影，哪怕想说话了也找不到倾诉的对象。可是这种有形的孤独感，只要人多了就会自动消除。

另一种是无形的孤独，正如德国大文学家歌德所说："走在看不到半个熟人的人群里，没有比这更令人感到孤独的。"这种孤独属于心灵层面的，也是很多现代人都感受到的，虽然他们每天都和很多人见面、聊天、互发 E-mail，但还是被孤独困扰着，好像一天二十四小时都离不开人一样。

日本心理学家志贺春彦曾经说过："不害怕孤独，便能够培养自己的独创力。"如果你希望自己在工作及学习中发挥巨大的独创力，就不要光是忙着与人交际，也要学会一个人独处。但无论如何都要记住——无论哪一种孤独都是人生常态，同时也可以被打破。

在信息化社会，没有人是一座孤岛，我们随时随地总与外界保持着一定的联系，即使你没有主动靠近人群，人群也会主动靠近你。很多弱关系并不是主动建立的，而是在日常生活、学习和工作的过程中，自然而然建立的。因为我们每天都会和不同的人打交道，而他们会自然而然地与我们建立起弱关系。

## 适当暴露自己的脆弱

有的人总爱在别人面前故作强者，错误地认为只有强者才是受欢迎的。不过，心理学家通过一个实验证明：适当暴露自己的脆弱的人，在别人眼里会更受欢迎。

心理学家找来两个出生、相貌、学历差不多的学生，让他们学习做咖啡。在心理学家的“精心安排”下，其中一位学生在录像快结束时，“不小心”把咖啡洒在了衣服上，另一位学生则完整地把咖啡做好了。随后，心理学家将录像放给陌生人看，并问他们更喜欢哪一个学生。调查结果表明：那个“不小心”洒掉咖啡的人更受人们的喜欢，因为大家觉得那个学生更加真实，也更加可爱。这个心理学实验给我们一个重要的启示：在人际交往中，适当暴露自己的脆弱，会让自己更有吸引力，更受人们的欢迎。

在人际交往中，那些越是喜欢把自己打造成“完美形象”的人，越不会有人接近他们。因为这样的人总会给人留下不好相处的印象。相反，那些总是在不经意间暴露自己脆弱的人，更能获得大家的认可与亲近。因为没有人是钢铁炼成的，真实的人都有脆弱的一面。如果总想以“完美形象”去吸引他人，只会让自己活得更累，也让别人觉得无趣。

当我们开始做真实的自己，开始暴露出一些缺点、瑕疵和不足的时候，反而更能获得别人的认可与喜欢。适当展现自己的脆弱，能让我们看起来更有人情味。

那么，我们应该如何适当暴露自己的脆弱呢？

在恰当的时候，我们可以适当地请求他人帮助，激发他人的表现欲。在人际交往中，很多人都不太擅长求助他人，因为我们都认为向他人求助是一种弱者的行为表现。但是事实上，适当求助他人，更能获得他人的认可。正如卡耐基所说："人人都喜欢关注自己，我们向别人求助，也是激发对方的表现欲。"

当我们向对方求助的时候，就是告诉对方"你对我来说很重要"。我们向对方请求帮助的同时，对方会向我们传达很多新的知识，也更加有利于我们了解对方。所以，不要害怕向他人寻求帮助，说不定他也正在等待别人向他求助，从而满足自己能力的展示呢。比如吃饭的时候，我们可以问对方有没有喜欢的餐馆可以推荐；比如自驾游的时候，我们可以问同事有什么旅游路线可以推荐。

最后，我们还要学会大方地接受别人的帮助，并由此建立更多的弱关系。有的人对于别人的帮助总是习惯性推辞，一方面是不想"示弱"，一方面是表示客气。其实，这种行为对于弱关系的建立十分不利。如果想与他人更好地建立弱关系，不妨尝试大方地接受对方的帮助，认真听取对方的意见，适当暴露出自己的脆弱，而不是假装自己很强大，将对方拒之门外。

## 强、弱关系的资源转化思维

### 对陌生人文环境保持开放心态

现代社会瞬息万变，各种资源、各种信息的更新速度之快让很多人无所适从。纵观各个领域的成功人士，他们敏锐地观察着外界的变化，对于有效信息的把握从来不会落于人后。

他们的出色不仅是拥有超凡脱俗的能力以及敏锐的洞察力，更重要的是他们能不断预测和感受一切事物的变化与发展，始终保持开放的心态面对新鲜事物，不断学习，不断提升自己。

我们在建立弱关系的过程中，也需要对陌生人文环境保持开放心态。所谓“开放心态”，就是既接纳自己，又接纳外界的事物。一个拥有开放心态的人，首先应该接纳自己。这也是一个自我认识、自我接纳和自我提升的过程。认识自己的局限，接纳自己的不足，才能产生提高自己的想法。这也是对陌生领域保持开放心态的前提。

如果一个人过于自满，目中无人，是不可能用开放心态去接受陌生的人文环境的。《论语》曰："知之为知之，不知为不知，是知也。"但现实中很多人对待一些未知事物总会先入为主，习惯性地用过往经验去看待它。但很多时候，我们理解的并不是正确的，而我们却不自知。这便是在看待事物时没有持开放心态。

当我们认识了自己、接纳了自己、提升了自己，一般都会更有意愿去踏足陌生的领域，以此形成良性循环。所以说，开放的心态有助于我们迈出第一步，抓住机会。然而，面对未知的事物，人们总有趋利避害的心理。很多时候，保守可能会让我们错失良机。比如，互联网在中国发展后，有些人便开始开发网上交易平台，刚开始的时候，谁也不知道网购会成为我们日常生活中不可或缺的一部分。这些人可以说是遇到了互联网发展的一个风口。

接纳外界事物，就是主动且有兴趣去了解自己熟知的领域外的东西，并且对其充满好奇心与求知欲。保持开放的心态了解陌生领域，就如同打开了一个连接外界的通道，具体要接纳什么完全取决于我们个人的意愿和需求。

在这个世界上，机会对于每个人而言都是公平的，只有保持开放的态度，与世界同步，才有可能成为“第一个吃螃蟹的人”；而有些人闭塞保守，永远不敢迈出第一步。

对于弱关系，我们更应该保持开放的心态。因为弱关系中的人，相较于强关系中的人来说，他们的思想和观点更具新鲜感。我们要学着去理解、去接纳、去提升某些思想或观点，取其精华去其糟粕，让自己的思想境界得到提升。

有了“开放心态”，我们也更能接纳陌生的人和事，更具包容心。这对于弱关系的建立，也是十分有益的。毕竟，没有人愿意和固步自封的人成为朋友。

## 尝试让不同的圈子产生交互

中国有一句话叫“物以类聚，人以群分”。在经济快速发展、凭借人脉打天下的新时代，人际网络的组建已经成为人们的共识。有时只要看看你游走于哪些圈子，拥有哪些强关系和弱关系，就大概能猜到你的学识、品位、社会地位等。

每个人的生活中都拥有各种各样的“圈子”，比如运动圈、文学圈、摄影圈和舞蹈圈等。还有因为做同一件事情或者曾经做过同一件事情而形成的同学圈、同事圈；有因为喜欢同一位作家或明星而相聚在一起的粉丝圈；也有为了达到某个共同目标而相互合作及制约的商业圈……有形或无形的圈子存在于我们生活的每一个角落，甚至人生中的每一个阶段。

然而，很多人都相信这样一种观念——“圈子不同，不必强融”。这一观念看似有一定的道理，毕竟大家都喜欢和志趣相投的人待在一起，贸然跨入一个圈子会让自己显得格格不入。但人要寻求发展，就必须从一个圈子跳到另一个圈子，从一个领域跨界到另一个领域。

如果只是生活中的圈子，为了自在可以说“圈子不同，何必强融”，毕竟喝红酒的圈子不一定就比喝白酒的圈子高级。但是如果是职场上的圈子，特别是晋升路上必不可少的“小圈子”，就要尝试让自己与不同的圈子产生交互。要知道，每一个圈子都有自己的生命力，我们不能等这个圈子散了再去寻找新的圈子。

很多时候，如果我们能融入新圈子，就能接收到新的思维，看到不一样的世界，从而改变自己、提高自己。人们常说“众人拾柴火焰高”，很多事情一个人无法做到，可是依靠团队的力量、圈子的力量却能很容易做到。比如，一些小公司、小企业在激烈的竞争中受到各种排斥倾轧，被冲撞得七零八落，很难形成气候，可是利用圈子的力量却能搞出大事情。

除了在不同的圈子中游走，还要尝试让不同的圈子产生交互。这样才能产生“1+1 ＞ 2”的作用。一个圈子的资源可能很有限，但不同的圈子交互之后，却能产生风暴般的影响力。而且，当不同的圈子产生联系之后，还有可能带来全新的弱关系。

总之，再孤独的人也会拥有属于自己的圈子。这个圈子可能是你创业路上的事业圈，也有可能是你倍感温馨的亲友圈。无论如何，我们时刻都在圈子的范围内，不断被圈子里的人影响着，同时也影响着圈子里的人。

如果追求成功的过程就像搭建一座金字塔，那么圈子就是塔基。你想站得更高，看得更远，就要将塔基建得更加扎实，团结身边的人脉资源，让不同的圈子产生交互。

## 打破原有的社交路径依赖

当我们产生一个想法，或者做出一种行为时，都会受到既定的“路径依赖”的影响。

什么是路径依赖呢？它的特定含义是指，人类社会中的技术演进或制度变迁均有类似于物理学中的惯性的特性，一旦进入某一路径（无论好与坏）就可能对这种路径产生依赖。通俗一点说就是，当人们做出某种决定或者某种行为时，就像走上了一条不归路，惯性的力量会使这个决定或行为不断自我强化，不断沿着既有的路径走下去。

路径依赖有好也有坏，良好的路径依赖能够培养出“优质循环”，不好的路径依赖则会让人们陷入“负面循环”。路径依赖的本质除了行为层面，更多的是一种心理需求层面的——大脑的自我保护意识会自动去选择曾经有过的想法、曾经做过的事情、曾经走过的路。

比如，很多人遇到困难时，第一时间想到的就是求助自己最了解、最信任的人；再比如，有的管理人员，只与同级别的人深入交往，不愿意与下属沟通，也很少与上司交流，这导致他们长时间处于同一职位，基本没有晋升的可能；再比如，有的人在工作中遇到技术性难题，宁愿求助“门外汉”的好朋友，也不愿意去咨询专业技术员……这些都是“路径依赖”的表现。

思维惯性和行为惯性是路径依赖的本质。面对信息化的内容，我们需要强化自我的认知。那么，我们就需要不断接收新的知识，但多数人会抗拒对新知识的接纳。因此，在我们打破路径依赖前，我们需要首先了解信息的本质。

信息领域会由时间推移而向着人们感兴趣的领域延展，从而将我们封锁在一个我们常希望看到的信息环境中。这与刷视频的推送机制相同，当我们刷视频刷久了就会发现，现在推送的内容大致呈一个方向发展，越来越缺乏新意，出现一种趋同的形势。这样就使得我们看的东西虽越来越多，而实际上获取的信息却越来越单一。

在这个社会大开放的时代，大家却总想将自己锁在自己的思维中。正是因为路径依赖的根深蒂固，我们才会一点点失去与人交流的兴趣。

当我们有了“路径依赖”的情况后，在日常生活、工作、学习中，就要多注意自己出现的惯性行为与思维，多关注一些自己兴趣以外的东西，多结交不同领域的朋友，多建立各种弱关系，多思考不一样的观点。

同时，也要学会接受不同的观点，不耻下问，让自己以开放与包容的态度面对外界信息。这样才能不断拓宽自己的知识面，突破大脑中的惯性思维，进而获得更多的机会。

## 当好朋友变成普通朋友之后

回顾我们的一生，它就像一场旅行，我们遇到过很多人，有的只是匆匆一眼就别离；有的需要我们为他们停驻，但时间到了我们又继续向前；还有的搭上了这班列车同我们一起坐到下一站。在人生的旅途之中，“交际”无疑是通用的车票。而途经某一站，我们可能会结识新的朋友，从而拓宽我们的关系网。

我们这班“列车”上的“乘客”是独一无二的，有着自己的特色。面对不同性格的人，我们的处事风格也需要改变，这样他们才能在旅行之中陪伴我们长久。人们的关系密切程度往往由他们之间的友谊的深浅决定。举个例子，当别人处于绝境中时，我们伸出援手，拉了他一把，别人会对我们感激，我们就能与他建立很好的关系。再者，当我们新认识一个人，我们平时想起来了就打个招呼，过节也相互问候一下，甚至有什么好东西也与之分享，就是在这样的点点滴滴中，我们的关系在潜移默化中变得好起来了。这就是关系增益的两种基本情况。

如果我们反过来看，好的关系是否也能反向转变呢？答案是肯定的。明明关系很好的两个人，因为某些原因而分开，长期的缺少交流使得人们之间出现隔阂，而这样的隔阂也会随着长期的缺少交流逐渐增大。于是，你会觉得朋友的感情没有那么亲近了，你们以前明明相处那么好，现在却好像只是简单的认识。

强关系支撑着我们大半个社交圈，它就像是工程的地基，在交际中起着决定性作用。如果这些强关系缺失，地基就会开始崩塌，对整栋建筑也会带来巨大影响。

而人与人之间的实际交往应该保持着一定的距离，就像是刺猬，相互合作能够帮助彼此共同生存，而过近也会被彼此的刺扎到。只有保持一定的距离，彼此间才能既合作顺利，又不会伤害到对方。

因此，对友情的维持，并不需要时时刻刻想着对方、见到彼此，而是在有困难时，一句发自真心的安慰关心，高兴之余一起吃一顿饭，这就够了。能有这样的一段友谊，绝对是幸运且令人羡慕的。

社会现实有时很残酷、不尽人意，但是因为还有挚友的鼓励，我们的人生之路便不会孤单，是他们为我们的漫长岁月增添了一抹亮色，分离割不断友谊，终有重逢日，彼时更对殇。

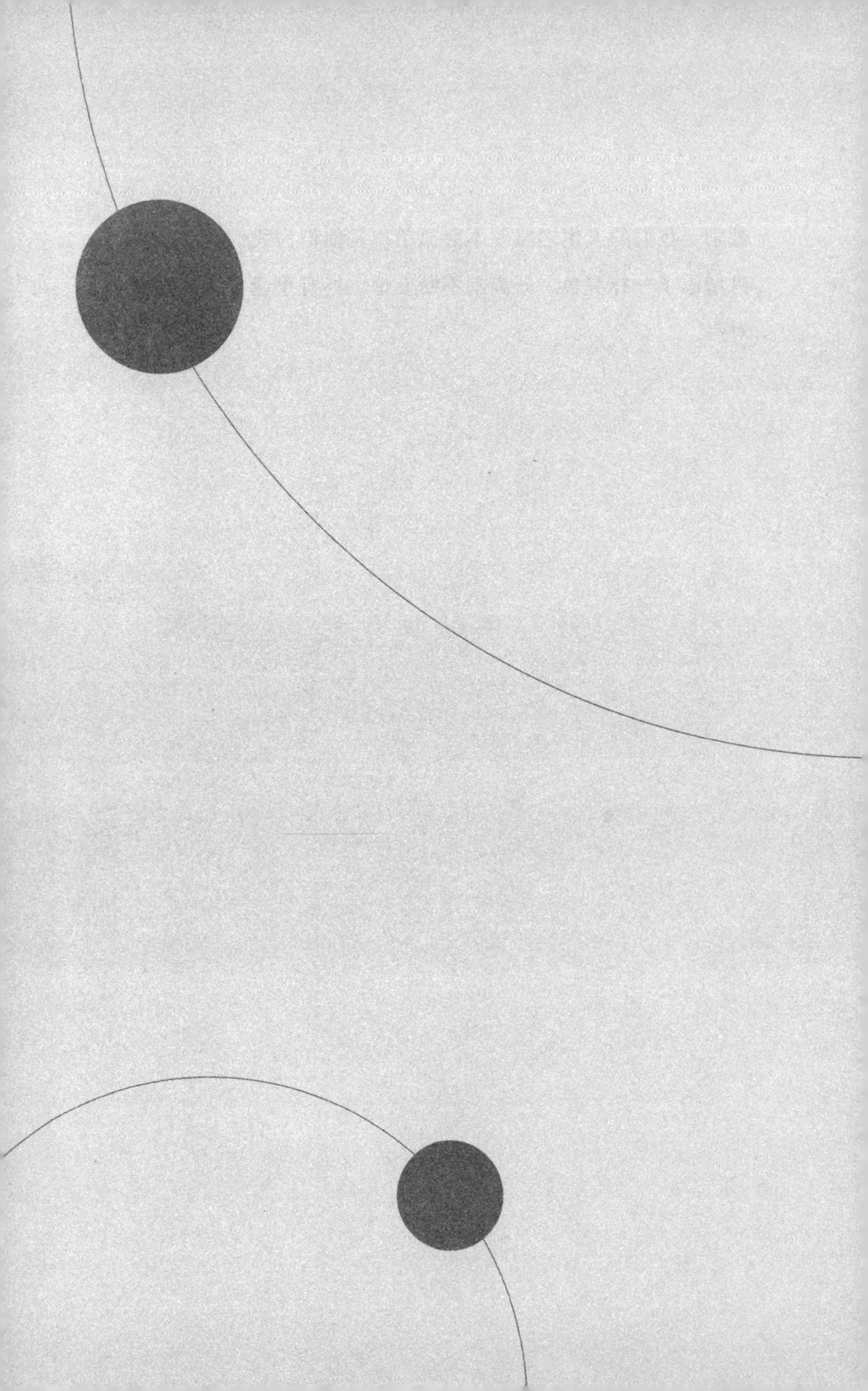

第四章

# 大城市的吸引力法则

## 最适合弱关系生存的环境

### 不停生长扩容的大城市

在国内及国际双循环经济发展的时代大背景下，我国城市未来的发展趋势已经十分明确，就是发展城市群、构建大都市圈。首先，将“长三角”“珠三角”“京津冀”“成渝”确定为四大国家城市群；其次，还组建了“关中城市群”“中原城市群”“长江中游城市群”等大大小小的城市群。随着城市不断扩容，城市之间的连接也将变得越来越紧密，并且以中心城市为主体，逐渐拓展到更大区域，成为地区的经济引擎，大大推动整个城市群的发展。

大城市不停地生长扩容，各种“城市病”也接踵而来，比如交通堵塞、住房紧张、环境污染、秩序混乱等。这也是后工业时代城市快速膨胀必然会面临的问题。而这一切问题的根源，都要归结到“人”身上。可以说，不停生长扩容的大城市，给人的发展与进步提供了更多可能性，同时也产生了最适合弱关系生存的环境。

国家统计局的相关数据表明，早在 2019 年，中国城镇化率便超过了 60%，城镇常住人口达到了 8.48 亿人，而且这一数字还在持续不断地增长之中。虽然与发达国家 80% 的城市化水平还有一定的差距，但以当前中国城镇化率的进程之快来看，相信用不了多少年便会赶上发达国家。对于不停扩容的大城市来说，人口才是最宝贵的财富。

有的地区，区域经济的博弈甚至演变成了“抢人大战”——保留人口的城市快速扩容，而人口净流出的城市则渐渐停滞。为什么人口对于城市扩容如此重要呢？

首先，人口代表生产力和创新力。

美国著名的城市规划师、作家简·雅各布斯提出过一个概念，叫“知识溢出”，指人口稠密会加速知识的产生，人与人进行现场交流，语言的相互碰撞和知识的相互交融会诞生新的创意和想法。在人口密集的大城市，创新的可能性也更大，因为人们彼此会受到更多的启发。

全球专利问题专家亚当·贾菲计算出一组关系：人口密度每增加 50%，人均生产力就可以增加 4%。随着大城市不停扩容，人口的密度也会越来越高，而大城市人口密度高，创意也会随着人与人之间的交流而在不知不觉中产生，这种现象往往是小城市无法产生的。

第二，人口密集更容易建立弱关系。

对于普通人来说，在小城市拥有很多人脉关系，去到大城市后觉得自己没有什么人脉，担心自己在大城市中无法生存立足。其实，从另一个角度来看，大城市人口密集，有各种各样的人才，在这样的人际网络中，更容易建立各种弱关系。

城市不停扩容，人口的密度也会越来越大。在一些已成规模的大城市中，人们会拥有更多的人脉关系，其中还包括更高层次的人脉。因此，我们应该用增量的思维来看待这一切——城市在扩容，我们的人脉关系也要不断拓展，要增加更高层次的人脉、不同行业与不同维度的人脉。如果一个人刚从小城市来到大城市，则需要一段漫长而艰辛的积累过程。

在人口高度密集的大城市中，资本和机会更加聚集，依靠规模效应能够很好地降低成本、提升效率。城市越大，效率越高。在大城市中，我们有机会认识到世界 500 强企业的高层，有机会认识各种大型企业的老板，有机会与各个领域的优秀人才产生交集……哪怕是普通的人际关系，不停扩容的大城市也比小城市要多。

不过，我们必须明确一点，无论是亲密关系还是弱关系，其本质都是能够为他人提供一定的价值。无论在小城市还是大城市，只有能够为他人提供价值，才能让人脉持续拓展。

## 背井离乡：子非鱼，安知鱼之乐？

每年过完春节，车站与机场都是人山人海，无数人拎着大大小小的行李箱，纷纷涌入大城市中。在这些背井离乡的人群中，是否也有你的身影呢？很多人选择背井离乡，去大城市工作，不外乎以下几种原因：

第一，在大城市中寻求更大的发展。有人说“投胎是一门技术活”。有的人出生在一些贫穷落后的地区，买个牙刷、卫生纸，看个病，都要走几十公里。如果不选择背井离乡，又如何能获得更大的发展，如何改变自己的生活与贫苦的命运呢？

第二，因为职业需求不得不背井离乡。比如，有的人大学读的是 App 开发与应用，毕业后只能在一二线城市找工作，因为与这个专业相关的工作，三四线城市几乎是没有的。如果不想转行，又想在这个行业中有所作为，就只能背井离乡去大城市工作。

第三，传统思想下的“人言可畏”。中国很多地区都是如此，年轻人如果不去外面拼搏，会被别人指指点点，说这个人“懒惰，没有上进心”。因此，很多年轻人会因为身边的“闲言碎语”选择背井离乡。

无论出于什么原因，大多数年轻人都会选择去大城市拼搏，这也渐渐成为一种常态。

著名的《问道》品牌广告也用小故事的形式告诉我们，年轻人背井离乡的种种原因：

一位女服务员在大城市里努力工作，受尽委屈，再苦再累也毫无怨言。因为家里只剩下她和妹妹两个人相依为命，而她要供妹妹读书。当妹妹想要帮忙的时候，她却大发脾气，因为她只希望妹妹能够无忧无虑地读书，而不是被生活所累。她对妹妹说：“我们没有依靠，我就是你的依靠。”这便是她背井离乡，在大城市努力工作的动力。

一位快递小哥匆忙地穿过街道，努力爬上高高的楼层，只为把商品准时送到客户手中。有时遇到难缠的客户，他也告诉自己必须去面对，这样才能免于责罚。因为他是丈夫，并且刚做了爸爸。“你还没长大，我不能停下”，这是他在大城市拼搏的信念。

一位公司职员每天都要面对巨大的压力，哪怕公司裁员丢了工作，哪怕房东涨租无处安身，他仍旧笑着对妈妈说：“在外工作顺利，过得很好。我吹过的牛还没做到，请你慢点变老……”正因为这样，他才选择背井离乡，来到大城市拼搏！

其实，相比于资源有限的小城市，不断扩容的大城市拥有更多的可利用资源和机会，也更容易建立起各种弱关系。

《罗辑思维》主讲人罗振宇曾说：“我认为，北上广深这样的大城市，会给年轻人更多、更好的发展机会，因为那里的人群更集中。肉身的大规模集会会给人与人之间的协作创造更多的可能性，会给你带来更多的见识和发展机会。”

“子非鱼，安知鱼之乐？”虽然大城市中竞争更加激烈，想要立足，想要拓展人脉，都十分困难。但是，大城市却给年轻人创造了一个更大的舞台，为弱关系的建立提供了更多机会。

大城市能够开阔眼界。一个人的眼界会决定思维的上限，如果只是局限在小城市，便很难突破自我，无法获得更大的发展。

大城市的选择更多。有些年轻人不知道自己能做什么，或者什么适合自己去做，如果是在小城市，选择往往不多；而在大城市中，会有更多的选择。

大城市更容易结识高质量人才。俗话说“人往高处走，水往低处流”，城市越大，能够集结的人才就越多，这样更容易创建自己的人脉圈，更容易结识到高质量人才。

北上广深一直都是年轻人“逐梦”的舞台。不过，选择去这些一线城市发展的年轻人，必须要面对两个棘手的问题：一是居高不下的住房压力以及生活成本；二是人才众多，岗位竞争压力巨大。所以，你必须不断提高自己的能力，提升自己的见识、思想与格局，最重要的是建立起更多的弱关系，这样才能在竞争激烈的大城市中立足发展，有所成就。

## 城市的生命一定是人赋予的

随着城市不停地扩容生长，越来越多的人口也在不断涌入城市。正如血液对于身体的重要性一样，人口对于城市同样重要，因为城市的“生命”是人赋予的。

复旦大学曾经推出过一个研究报告，预测在中国的珠三角、长三角和环渤海等经济带，可能会出现亿人级的大城市。报告还指出，东亚国家的城市化进程已经十分迅速了，发展到最后基本都会变成超大规模的城市。比如在韩国，仅首尔一个城市的人口数就占到韩国总人口的50%；而在日本，50%的人口和75%的GDP集中在四大城市圈。

“治国有常，而利民为本。”只有将人民的生活水平和生活利益放在首要位置上，城市才能充满活力，健康稳步地发展。城市的规模在不断地扩容，而城市的人口也在不断地增长。

城市的“生命”一定是人赋予的，城市的发展也必须坚持“以人为本”。一个人来到陌生的城市打拼，首先是要适应当地的气候、饮食、习俗等，其次是要在此建立属于自己的人脉网。有了人脉网络，才能在城市中立足，才能得到有用的信息与资源。

当然，人脉网络并非仅指亲密无间的好朋友关系，还指一些看似平淡如水的弱关系。在遇到困难需要帮助的时候，这些人脉关系将是我们坚实的后盾。那么，在初入大城市时，应该如何建立起属于自己的人脉关系呢？

首先，拓展初级人脉网络。

大部分人来到大城市打拼，都是带着高密度的初级人脉网络来的。什么是初级人脉网络呢？就是以血缘、亲缘和地缘为基础，与亲戚、老乡等建立起的人脉关系。在人口不断涌入城市的过程中，初级人脉网络成了就业信息的传播媒介，不仅能够帮助外来人口在城市里安顿下来，还能帮助他们找到工作，以及给予他们心理上的支持。

古代社会有同乡会馆，为赶考的学生和经商的人提供居停聚会的服务；现代有同乡会、同乡商会等组织，让身处陌生城市的人，有一个倾听乡音、感受乡情、广交同乡好友的平台。所以，想在一座陌生的城市立足，首先要拓展初级人脉网络，多认识一些同乡好友，多参加同乡聚会，多与老乡打交道。

其次，建立次级人脉网络。

初级人脉网络能够帮助我们进入城市，让我们在陌生的城市中有一个落脚点，而次级人脉网络能够帮助我们真正地融入城市，实现向上流动。所谓次级人脉网络，就是城市中基于职业、兴趣、居住等结成的人脉关系，比如同事、邻居、室友等。一个人的次级人脉网络越宽广，就越容易在经济、社会、心理等层面融入城市。相比于初级人脉网络中的亲密关系，次级人脉网络中更多的则是弱关系。

通过这些弱关系，我们能够获得更多的资源与信息，这也是亲密关系中没有的优势。因为初级人脉网络能够提供的资源与信息终有饱和的一天，因此要不断建立新的次级人脉网络，这样才能产生全新的源源不断的资源与信息。

第三，利用“中心度”建立人脉关系。

人脉网络“中心度”这个概念，是由清华大学社会学系副教授郑路提出来的，指的是一个人在人脉网络中的重要程度，它有三个最基本的维度：一是“度中心度”，即你认识的人越多，就越重要；二是“中介中心度”，即越多的人依赖于你，你就越重要；三是“特征向量中心度”，即你的“邻居”越重要，你就越重要。那么，我们应该如何利用“中心度”建立人脉关系呢？

首先，从数量上进行拓展，认识更多的人，提高自己的“度中心度”；其次，从位置上进行思考，让自己成为他人与人发生联系时很难被替代的“中间人”；最后，从质量入手，尽量与“圈中大佬”建立联系，这样更容易认识更多的人。

## 关注机会，但并非机会主义

### 为什么你找不到满意的工作?

很多人在涌入大城市之后，都要尽快找到一份让自己满意的工作，尽快安定下来。

什么样的工作才能让自己感到满意呢？每个人的出发点不同，对自己的期望、对未来的期望也不同——有的人需要薪资待遇优厚有发展前景的工作；有的人需要稳定的能养活自己的工作；有的人希望做自己感兴趣的工作……

那么，有的人迟迟没有找到满意的工作，有可能进入了下面几个误区：

第一，好高骛远。总有人过度自信，认为凭借自己的能力能够找到更好的工作。于是，频频跳槽，不断更换工作。在这类人眼中，自己找到的工作自己不满意，而自己感到满意的工作又没有能力获得。

第二，挑三拣四。这类人不是对自己要求过高，也不是对职业规划过高，而是对工作本身要求过高——希望工作轻松、工资待遇好、有各种假期等。对于找到的工作，总爱挑三拣四，觉得这里不好那里不好，却不反观自己是否有能力、有经验、有资本等。

第三，不够自信。这类人自我评价过低，总盯着自己的缺点看，而忽略了自己的优势。一些明明自己可以胜任的工作，却没有勇气去应聘，不敢去尝试。这也是有的人迟迟没有找到满意工作的原因之一，不是对工作感到不满意，而是无法让招聘者感到满意。

除了以上的工作误区，还有一个很重要的因素，也是很多人找不到满意的工作的根本原因，那就是缺少人脉关系，缺少入职的机会。要知道，人脉在找工作的过程中有着难以被取代的作用。

在没有人脉关系的时候，我们只能找到自己能力范围之内的工作，并且需要与无数的求职者竞争，只有优胜者才有入职的机会。而当我们有了人脉关系后，在求职过程中更具有优势。

对于求职者来说，人脉关系确实很有帮助。很多人去到某个城市，往往也会有亲朋好友的介绍，通过人脉关系找到了满意的工作。但也有一部分人，只身前往某座城市打拼，没有任何人脉关系，只能依靠自己的能力找工作，因而时常受挫，更难找到让自己满意的工作。

因此，一定要善于利用自己的人脉关系，并且要注意建立自己的人脉关系。在一座陌生的城市，无论是找工作还是谋求日后的发展，都离不开各种人脉关系。

职场上有这样一句话："30 岁前找工作靠能力，30 岁后找工作靠人脉。"其实，想要找到一份满意的工作，个人能力很重要，人脉关系也很重要。我们不能固化地认为，自己有能力就一定能够找到好工作。如果是这样，怎么会有"怀才不遇"之说呢？当然，也不要以为有了人脉就一定能够找到满意的工作，如果自己能力不行，即使给你再好的职位，你也无法胜任。所以，我们既要不断提高自己的综合能力，又要努力建立自己的人脉关系。

## 工作能力不是衡量工作价值的唯一标准

一个人工作的时间越久，就越容易发现一个现象：决定一个人成败的往往不是工作能力，而是为人处事的能力。换句话来说，工作能力不是衡量工作价值的唯一标准，决定一个人的工作价值的除了工作能力，还有与人合作的能力、管理人的能力和沟通能力等。

无论是哪一个行业，做到最后都会呈现出一个金字塔的结构——越是往上走，越会发现厉害的顶尖人才就那么一小部分，而这一小部分人的各种能力相差不大，区别只在于专精的领域不同而已。所以，我们从一开始就应该看清形势——努力提高自己的专业能力，同时也不要忽略自己在合作、沟通、管理等方面的能力，这些对于个人的价值提升同样重要。

如何才能快速提升自己在合作、沟通、管理等方面的能力呢？最好的答案是人脉经营。

这几年，网上“Man Keep”一词很流行，可以翻译成“人脉经营”，还有人根据发音将它说成“脉客”，也就是善于运用人脉、善于经营和管理人脉的人。

进入新时代，人脉圈子的建立已经变得越来越重要了。如果你能够进入一个优质的人脉圈子，那你就会拥有巨大的人脉关系网络。相反，如果你成为局外人，就注定会被淘汰出局。

斯坦福大学的研究中心曾经发表过一份调查报告，其结论显示：一个人一生中所赚的钱有12.5%来自自身掌握的知识，有87.5%来自自己拥有的人脉圈子。而在纽约举行的一次“Man Keep”主题大会上，数千名“脉客”聚集在一起探讨圈子的重要性，真正的“脉客”所经营的圈子都是“养兵千日，用兵一时”的。

一个优质的圈子能够同化圈子里的人，而一个优秀的人会带动整个圈子的发展与进步。个人能力通常是与圈子相辅相成的。可是，无论多优秀的人才，都不可能脱离圈子独立发展，就像人无法离开社会一样。面对竞争，你要做出最明智的选择：成为局内人还是局外人！

有人认为，圈子就是个人资源与社会资源进行交换、整合、匹配的一种魔方。善于借用圈子，整合人脉，处理人际关系，你便能左右逢源，青云直上。

从社会学意义上讲，圈子就是社群、部落、团体，通俗地讲，圈子就是关系网。无论圈子具有怎样的定义，它对人的影响力都是无比巨大的。因此，想要拥有成功的人生，就要有意识地组建自己的人际圈子，与各个行业的人相互合作，实现双赢，而不是忽视圈子，孤军奋战。一个人的力量永远无法和团队的力量相提并论。

广泛而扎实地形成自己的圈子，这样你将变得无可匹敌。

所以，想要体现出自己的价值，一方面要努力提高自身的专业能力，另一方面要学会拓展自己的人脉圈，多发展各种弱关系。

在选择圈子以及建立弱关系的过程中，要有开阔的眼光。不要总是待在同一个圈子或者多个相似的圈子里，这样只会形成狭隘的圈子观。你应该努力寻找适合自己发展的圈子，多认识一些能够提升自己眼光、开阔自己的心胸、拓展自己思维的人，从而形成一个广泛的“人际圈子”。这样不仅能够提升自身的格局，也更利于自己的事业发展。当你拥有了广泛的人脉圈子后，也要学会稳固自己的圈子，否则只会让其变为“泡沫圈”，最后圈子里的人也会不欢而散。

只有真正有质量的人际圈子，才能够提升你的人生高度，为你的人生金字塔添砖加瓦。

## 抱团取暖，与“潜力股”盟友共同成长

无论是企业招聘、建立人脉，还是选择配偶，我们都会看重对方是否是“潜力股”。如果对方是四五十岁的中年人，人生事业或许都已定型，潜力似乎也就那样了。但是对于二十几

岁的年轻人来说，我们无法断言他未来会发展成什么样，因为他的未来充满了无限可能。

在英国，有的父母为了让孩子从小结交到“潜力股”朋友，甚至会花光家里所有钱，将孩子送到各大私立中小学读书。这些私立中小学确实“盛产”各种学霸——有的成了诺贝尔奖获得者，有的成了世界五百强的CEO，还有的成了演艺圈的“男神”“女神”……

在建立各种弱关系的过程中，我们不能太过势利，但仍然应该用发展的眼光看待自己结交的朋友——相比于毫无前途、只会“拖后腿”的朋友，那些“潜力股”朋友不是更值得结交吗？当我们与“潜力股”成为盟友之后，会受其影响，朝着积极向上的方向发展，自身的潜能也会不断得到开发。这是一种相互促进的关系。

现实生活中，你的竞争力如何，看你身边的人就知道了。你和什么样的人在一起，就会拥有什么样的人生。因此，我们不能一味地追求圈子，不能单纯地为了组建更多的弱关系而广交朋友，而更应该重视圈子的质量，学会选择与优质人才为伍；学会抱团取暖，与“潜力股”成为盟友。只有优质的人脉能提升我们的竞争力，让我们不断向上发展。

那么，我们应该如何去辨别一个人是否是“潜力股”呢？

以下几个特征可作为参考：

第一，是否足够自信。自信的人往往能够达到普通人无法达到的高度，因为他们相信自己，敢想敢做，勇于尝试，心理高度是普通人无法企及的。

第二，是否拥有独立的思维。在应试教育的熏陶下，很多人的思维都固化了，容易相信权威，缺乏独立的见解，而“潜力股”往往独立思维较强，敢于突破与创新。

第三，是否有好胜心。“争强好胜”并不一定是贬义词，好胜有时也是进取心的一种表现。

第四，是否有自知之明。这里所说的“自知之明”是指对自己的能力，自己的优势与劣势，是否了解于心。只有足够了解自己，才能更好地发挥自己的优势与潜能。

第五，是否具有洞察力。洞察力能帮助一个人看到细枝末节，看到问题的关键所在，看到所有事物的核心，看到问题的不同层面。这也是“潜力股”最重要的特征之一。

当然，“潜力股”身上还有很多种特征，总的来说就是优秀之人所具备的所有特质。我们在判断一个人是否是“潜力股”时，起码要看到他身上超越常人的优秀品质。

无论择友还是择圈，都要小心谨慎，只有这样才有可能进入一个更加优质的圈子，结交更多优秀的“潜力股”。优质的圈子和优秀的“潜力股”，能够让我们一改平凡，学习到更多有益的东西。这无疑是劣质的圈子和消极的人无法给予的。

## 那些离职的同事都去了哪里

人的一生中不可能只从事一份工作，不可能只在一个职位上混迹终老。无论是因为生活上的变动，还是因为职业规划的需求，我们都曾有过换工作的经历。不管离职的人是你，还是你的同事，你们之间的关系都变成了“前同事关系”。

这时候，你需要做出选择。应该与前同事保持怎样的人际关系？同时，你也在被选择，前同事会与你保持怎样的人际关系？每个人的选择都不同，因为三观各有不同。

通常情况下，人们对于前同事会持有以下几种态度：

第一，离职后不再与前同事联系，因为选择离职等于选择与过去说再见，有关过去的人和事都要通通抹去。前同事的存在只会变成一种牵绊、一种束缚。

第二，与前同事保持一定的联系。这种联系也是弱关系的一种。毕竟前同事身上也有一定的人脉关系，也能产生一定的价值。虽然不再是同事关系，但可以成为朋友，指不定未来就需要前同事帮忙呢。

第三，与前同事保持亲密关系。离职后，与前同事不再是竞争关系，不再勾心斗角，反而可能会因为彼此熟悉，并且有合作上的默契，因此发展为亲密关系。

其实，对于前同事持有怎样的态度，往往是由彼此的价值决定的。比如有的前同事有“吃喝玩乐的价值”，平时有空可以一起吃吃喝喝，一起休闲娱乐；比如有的前同事有“情绪价值”，曾经一起工作，能够产生情感上的共鸣；还有的前同事有“专业价值”，也就是在某个行业、某个领域，具有特殊的技能，能够帮助你解决一些专业难题。

价值交换是所有人脉关系维持的核心。这个价值，除了是财力、物力或权力，还可能是一些特别的价值。对于每个价值观不同的人来说，前同事存在的价值都不一样。

不过，我们也能找到一些共同点，毕竟价值观也存在大趋势：对于小价值，我们要学会“破圈”；对于大价值，我们要学会交换资源。比如谷歌的离职员工群叫“xGoogler”，光听名字就知道群里肯定人才济济。如果前同事可以提供一定的价值，那就有了存在的意义。相反，如果你被前同事删除或拉黑，便说明你并没有什么价值。

在职场中，前同事也是最宝贵的人脉关系之一。曾经有一项社会调查显示，超过六成的网友认为，前同事就是最重要且关键的人脉关系网络之一。

最后问你几个问题：那些离职的同事都去了哪里？你们是否还保持着联系？你们之间是否还有交集？你们之间是否会“麻烦”对方？你们在彼此的生活和工作中是否有价值？

# 用平台和系统放大努力的效果

## 会议交谈：低风险拓展人脉的方法

著名华裔社会学家林南在自己的著作《社会资本》中写道：“人们参加社交活动，要投入时间、精力或者金钱，也会产生一定的收益。这种有预期收益的社会关系的投入可以称为社交资本投资。”

为什么人们会乐此不疲地投入社交资本呢？这是因为社交资源能够提升人们的竞争力与社会地位。很多时候，一个拥有强大社交资源的人，比一个只拥有金钱的人，更容易得到社会的认可。从社会学的角度来说，人们热衷于投入社交资本，除了为了满足内心社会性的需求，更是为了获得外在的社会地位。

很多人都在努力探索一种能够快速有效地拓展人脉的实用方法。如果要从“低风险，高回报”上来说，会议活动可能是风险最低、回报最高的拓展人脉的方法了。

不管会议是哪种类型，也不管会议的规模是大是小、层次是低是高，对于每一位会议的参与者来说，都是一次有意义、有价值、有资源交换的社交活动。

现代商务人士的通讯录中，大部分的联系人往往都来自会议这个重要的社交平台。或许有人会说，我们通过参加各种社团组织，不是也能够拓展自己的人脉关系吗？这确实是一种可行的方法，但不一定是低风险的方法。而且，任何一个社团组织的社交价值都依赖“会议交谈”这种交流方式加以体现。

为什么“会议交谈”的风险更低呢？因为一直以来，人们都相信“眼见为实”，而“会议交谈”这种面对面的交流方式，更容易让人们产生信任感。

“会议交谈”的核心点有两个，一是面对面，二是信息交流。如果我们仅仅只是进行信息交流，那么在互联网上便可以实现。只不过，互联网上难以产生面对面时的信任感。最基本的信任感缺乏，意味着更多的风险与不确定性。

那么，我们能不能将线上会议和线下会议结合在一起呢？

《纽约时报》研究与发展实验室研究员与专栏作家尼克·比尔顿指出："现实中的交谈和虚拟交流虽然不能相互替代，但两者结合起来就会创造出我们通过其他方式无法得到的新形态的人际关系与友谊。"

这正是当下"视频会议"越来越被广泛运用的根本原因。

## 派对是弱关系的天然孵化池

美国常春藤名校哥伦比亚大学的 EMBA 课堂上，一个鸡尾酒派对正在如火如荼地举办着……没错，在一所世界名校的教室里，正在举办一个鸡尾酒派对！

所有参加派对的学生，必须在 1 个小时之内与 8 个人进行交谈，并且在 6 分钟之内，尽可能多地了解每个对谈人的特长与喜爱，同时也要在对方的心中留下美好的印象。

这不是那种只顾娱乐消遣的普通派对，而是一门"宴会人脉学"的课程。而且，这门课程受到了教育评鉴者以及学生们的认可与喜爱，在全球 EMBA 学程排名位列第四。

美国富比士（Forbes）杂志曾明确指出：当代美国企业的校园征才工作，往往都是通过派对、餐会等软性聚会完成的，其原因也很简单，就是学生的专业技能通常保持在同等水平，而他们的软性竞争力，比如沟通、品位、文化、教养等，却存在着一定的差距。

就这样，原本应该发生在教室之外的竞争，活生生被搬到了教室里。

相信绝大多数人都喜欢参加派对，并将派对当成扩展人脉关系的最佳场所。的确，我们能够在派对上认识很多人，能够建立很多弱关系。不过，派对也是最容易暴露自己缺点的地方。聪明者善于从派对上获取各种人脉关系，而愚蠢的人则在派对上失去了原有的人脉。

无论是早会、家庭聚会还是团队聚会、公司聚会，有的人参加的次数多了，很容易产生懈怠心理，特别是当聚会中没有什么新人出现时会肆无忌惮。于是，他们在派对上暴露出太多的缺点，不仅损毁了以前的人脉关系，也让新人敬而远之。

那么，我们应该如何在派对上建立各种弱关系，而不是损毁原有的人脉呢?

第一，不要总是抱怨或批评别人，要学会欣赏与赞美。

如果我们总在派对上抱怨或批评他人，得到的可能只是自我优势的满足感：通过批评他人的过失来彰显自己的成就，从而得到更多人的赞许与关注。可事实的情况是，你在更多人的眼中，变成了骄傲自负、爱出风头的人。

所以，我们要学会欣赏和赞美别人。我们必须用欣赏的眼光，去看待自己以及身边的人，这样才能发现他人的优势，不随便轻视他人。而赞美是最好的认同，通过赞美别人，我们有可能得到同样的赞美。

第二，不要散播小道消息，要做一位聆听者。

大多数人都对小道消息感兴趣，甚至认为那是一种收集信息的好途径。可事实上，小道消息的价值并不大，也很少有人去证实它的真实性。我们可以听听别人的小道消息，作为消遣娱乐，但千万不要成为小道消息的传播者。

如果你希望自己成为一位善于谈话的人，那么最好做一位聆听者。你甚至可以引导对方多谈论自己的事，那样对方会感到被关注、被尊重，便会与你交谈甚欢。

第三，不要急功近利，要真诚地交往。

如果在派对上表现得过于急功近利，比如，迫不及待地提出合作意向，或者迫切想要对方购买自己的东西，结果只会起到适得其反的作用。你很有可能会因此“吓跑”对方。

要知道，任何生意都是从交朋友开始的，哪怕你有合作意向、想要对方购买东西，也不能心急，而应该真诚地交往，彼此了解，建立信任，随后再慢慢寻求合作的机会。

第四，不要吝惜分享你的人脉。

很多人不愿意分享自己的人脉，害怕自己的人脉被别人抢走。其实，你大可不必担心。当你开始分享自己的人脉关系时，你也在建立新的人脉。人脉只会越分享越多，而不会越分享越少。

第五，善待那些职位不及你的人。

在派对上，我们不要只和那些职位高的人交谈，也要善待那些职位不及自己的人。想要在派对上建立弱关系，不仅要“向上看”，也要“向下看”。因为我们不能保证上面的人不会因为某些事情而掉落“神坛”，而下面的人不会因为某种机遇而平步青云。

第六，不要喧宾夺主、反客为主。

有的人天生性格开朗，总爱在众人面前表现自己，吸引他人的眼球。尤其是在派对上，随时随地都在释放自我的真性情——高声喧哗，手舞足蹈，肆无忌惮地发表自己的观点。他们可能并没有意识到，自己已经踏入了社交的两个雷区：喧宾夺主和反客为主。

如果你是一位受邀者，就要尽量保持低调，不要强行占据“C 位”，更不要在饭局或派对上夸夸其谈。那样只会招人厌烦，而且大家会觉得你缺乏最基本的社交礼仪，一眼看穿你的低情商。

因此，为了营造一个和谐、舒适的社交氛围，我们一定要摆正自己的位置，不要喧宾夺主，更不要反客为主。比如在会议上，哪怕你有绝佳的创意，也不要自顾自地拿出来讲解，而要顾及你的上司和同事的感受，带上他们一起讨论，虚心接受上司的指导、同事的协作，这样才不会让上司和同事陷入尴尬的境地中。如果你的光彩过于耀眼，只会让他们黯淡无光。

所以，无论是参加饭局或派对，我们都应该找准自己的位置——是什么样的身份，就做什么样事情；该低调的时候就低调，该表现的时候就表现；不卑不亢，不急不躁，这才是最好的状态。

## 强关系也可以为弱关系提供拓展平台

我们一直在强调，强关系能够给予我们更多情感上的慰藉，但也不能忽略了它的另一种功能，就是为弱关系提供拓展平台。简单来说就是，强关系中也隐藏着弱关系。举一个简单的例子，对于一个公司来讲，团队的“不可控”是最大的风险，如何才能降低这种风险呢？最好的方法就是“内推”，即由公司内部成员推荐。由于被推荐的人有推荐人作为担保，所以相比招聘的员工会更加靠谱，团队也会更优秀。

这也是大多数企业在招聘时选择“内推”方式的最主要原因。这种强关系所提供的平台，远比社会招聘靠谱。大多数企业之所以选择社会招聘，其实也是无奈之举。因为公司没有足够多的“内推”资源，社会招聘不过是一种弥补措施，而非第一选择。

一位出色的工程师去北京的一家跨国建筑设计公司看望一位老友。他们有好几年没有见面了，但时常保持着联系，因为工程师经常给老友“出主意”，帮助老友解决了不少燃眉之急。而老友在跨国建筑设计公司里身居要职，也帮助工程师接了许多私单。两人的关系还算密切，算得上是强关系了。

这次工程师前来拜访，也是告别，因为下个月他就要去国外工作了。没想到，走进老友的办公室，发现还有另外一位项目经理。尽管工程师与这位项目经理只是初次见面，但三人交谈甚欢。谈话的间隙，项目经理突然说，一个新项目缺少模型，问工程师有没有合适的实习生推荐。工程师一脸好奇地说：“你们的公司这么大，难道没有 HR 吗？”项目经理说：“我们公司偏向内推。”

显然，项目经理已经对工程师十分“了解”了，不仅信赖工程师的人品与能力，并且把他当成了一个“熟人”来看待。而这一切的幕后“操控者”，肯定是老友无疑了。

于是，工程师将他的一位学生推荐给了这位项目经理，而那位学生通过公司层层面试后，最终拿到了offer。这便是“强关系可以为弱关系提供拓展平台”的最好案例。

公司“内推”不过是一张门票，一个展示自己能力的机会，并不是一张万能卡。但是，通过强关系获得的这张门票，至少会让我们少奋斗好几年。当然，想要利用强关系为我们拓展弱关系，首先要提升自身的实力。只有获得强关系的认可与信赖，才能为拓展弱关系打好基础，否则一切都只是空谈。

# 第五章

# 改变格局，敲掉非承重墙

## “知道”的错觉

### 清理通讯录：社交洁癖就像一场癔症

很多人都有定期清理通讯录的“好习惯”。每隔一段时间，他们就会打开各大社交软件上的通讯录，像排查地雷一样排查那些不常联系的朋友，一副“宁可错杀三千，不可漏网一人”的架势。

为了迎合用户定期清理通讯录的需求，有的社交软件甚至推出了甄别与排查不常联系的朋友的功能，其识别标准主要有三点：一是半年内无单聊，二是无共同小群，三是半年内没有回复。很多人将这三点当成好友是否有资格存在于通讯录的标准。

其实，这些喜欢定期清理通讯录的人，多多少少都有一点社交洁癖。在他们看来，社交应该具有一定的纯洁性与密切性，定期清理通讯录也只是为了提纯熟人之间的社交，减少缺乏互动的陌生人的社交。从某种程度上来说，社交洁癖就像是一场瘾症，是一种顽固心理。

社交洁癖有轻重之分——轻微的社交洁癖只是一种不良习惯，可以通过脱敏疗法或认知疗法进行纠正；情况较为严重的社交洁癖，是一种顽固心理，属于心理疾病，需要求助于心理医生。那些拥有较严重的社交洁癖的人，就像在自己的内心装上了一种强迫人格，强迫自己必须保持社交圈子的“清洁性”，绝对不允许不常联系的朋友存在于通讯录中。

正因为如此，有的人才会定期清理通讯录，将那些不常联系的朋友踢出自己的社交圈子。但这样做未必是一件好事。因为通讯录中朋友的价值，并不完全取决于彼此熟悉的程度。相反，那些“半年无单聊的人”“无共同小群的人”“半年没有回复的人”，可能更有存在的价值——他们构成了社交网络中的“弱关系”，甚至可能给你带来更多有价值的东西。

早在 1970 年，斯坦福大学的马克·格兰诺维特教授就在自己的博士论文中证明了“弱关系”的强大作用力。当时的马克·格兰诺维特教授找到了 282 人进行调查，随机抽取了 100

人进行面对面访问。

最后的调查结果显示：100个人中有54个人是通过个人关系找到的工作。而在这54个人中，只有16.7%的人会经常见到“关系人”，也就是每周最少见两次；而55.6%的人用到的“关系人”仅仅是偶然能见到，可能是每周见不到两次，但每年至少能见一次；而另外27.8%的人一年也见不到“关系人”一次……对于这样的调查数据，你会不会感到十分惊讶呢？

那些被清理掉的不常联系的朋友，正是处于“弱关系”状态的人。他们可能与你关系一般，也很少产生交集，甚至一年说不上一句话。但他们能够给你带来的帮助，却有可能远远超过你的想象。其实，只要我们稍微认真地思考一下，就会得出以下结论：

通讯录里经常联系的人，朋友圈里天天点赞的人，不太可能会给我们带来有价值的增量信息。他们往往是与我们保持亲密关系的家人、同事、朋友等。大家都处于同一个圈子，都处于同一种信息源的辐射下，很难给我们带来全新的思想与增量信息。

圈子之外的“弱关系”可能会给我带来很多有价值的东西，比如，多元的信息、独到的见解、全新的思维等，有助于我们提升眼界，突破自我，实现创新。

所以，我们应该像治疗癔症一样，克服社交洁癖，要让自己拥有一双慧眼，去甄别哪些人是有存在价值的，哪些人是没有存在的必要的。清理通讯录并没有问题，问题是不要“伤及无辜”，不能把处于“弱关系”中的人也一并清理掉了。那样便是得不偿失。

## 无障碍沟通的不现实性

我们都渴望与他人进行无障碍沟通。亲密的“强关系”自不必说，哪怕是普通的“弱关系”，我们也希望沟通无阻。当沟通出现障碍时，我们首先想到的是沟通的方式有问题，或者是自己表达的问题，或者是听者的理解能力有问题，基本不会想到沟通本身就有问题。

美国社会关系导师克里斯多福·孟在《亲密关系》一书中写道：“无障碍的沟通是不可能的！”他用三十多年的实践与案例告诉我们，仅有极少数人可以在亲密关系中进行无障碍沟通，大多数人处于亲密的“强关系”中时都会遇到各种障碍。

为什么会出现这种情况呢？克里斯多福·孟解释说：“因为

所有的沟通直接跟人们的思考方式相关联。而这个世界上绝大多数的人的思考都是情绪化的。这样的一种思考方式可以很经常性地在亲密关系中的权力斗争阶段看见。因此，当思考出自情绪化反应的时候，我们是很难进行无障碍沟通的。”举一个很简单的例子：父母和孩子处于亲密的“强关系”中，按理说，彼此一起生活，相互了解，应该很好进行沟通。但只要有情绪上的影响，比如孩子与父母发生了争吵，那么沟通将变得异常困难。在很多亲密关系的沟通中，我们经常可以看到这样的模式——当情绪产生波动时，沟通障碍就会出现。而亲密的“强关系”更容易引起情绪上的波动。

相比之下，处于“弱关系”中的人似乎更容易进行沟通，至少不容易受到情绪的影响，沟通障碍会大大减少。不过，想要实现无障碍沟通，也是很不现实的。毕竟处于“弱关系”中的人相互交流并不多，彼此也不完全了解，有关“陌生”的障碍就已经很难消除了，更别说无障碍沟通。

另外，在互联网信息化时代，电子通信技术飞速发展，似乎让人产生了一种“无障碍沟通”的错觉——无论是飞跃式发展的社交网络，还是我们身边越来越多的服务AI化，抑或是即将迎来的5G时代，都在最大限度地消除人与人之间的沟通障碍。但现实的情况却恰恰相反，在现代科技飞速发展的今天，许多人根本找不到虚拟网络与现实世界的平衡点，多样化的沟通方式反而让语言的功能性变得越来越薄弱，人与人之间有形的语言沟通和表达正走向一个不被需要的尴尬境地。

现代人越来越依赖于电子设备和虚拟网络进行沟通，而现实中面对面进行语言沟通的能力却越来越差。有的人是虚拟空间里游刃有余的“键盘侠”，可在现实生活中却笨嘴拙舌、不善言辞，总是在面试、演讲或即兴发言时“掉链子”。由于缺乏现实的沟通能力，他们不敢说话、不会说话、一说就过头……这也导致他们的人际关系十分紧张，生活一塌糊涂。

法国思想家蒙田说过：“语言是一种工具，通过它，我们的意愿和思想就得到交流，它是我们灵魂的解释者。”同样的语言，由于人们沟通能力的差异，会让沟通效果产生天壤之别。为此，我们必须明白一件事情——无论是在“强关系”中还是在“弱关系”中，都应该看到无障碍沟通的不现实性。我们只能尽量减少沟通障碍，却无法完全抹除。

## 线上社交让我们产生的三个幻觉

随着互联网科技的快速发展和创新，传统的社交方式渐渐被线上社交所取代。以前的沟通大多都是面对面进行交流，而现在的沟通只需要通过电话、短信、互联网就可以轻松搞定。

线上社交俨然成为人们最重要的沟通方式，无论是协调工作、联系朋友、沟通客户、分享见闻等，只需要通过互联网就能进行。一个人如果能够掌握正确的线上社交方式，会瞬间拉近与他人之间的距离，让沟通变得更加即时，信息传递也变得更加快捷。

不过，越来越多被广泛运用的线上社交，也容易引发一些问题，比如产生一些脱离现实生活的幻觉，直接影响到人与人之间的正常沟通，以及让个体的思维发生某些“病变”。

幻觉一：“始终有人陪伴，内心不再孤独”。

哈佛大学社会学和人格心理学博士雪莉·特克尔写过一本书，名叫《群体性孤独》。在这本书中，她表达了这样一个观点：“我们时常感到孤独，却又害怕被亲密关系所束缚。数字化的社交关系和机器人恰恰为我们制造了一种幻觉，那就是我们有人陪伴，却无须付出友谊。在网络世界中我们彼此连接，同时也可以互相隐身。”

雪莉·特克尔博士对网络社交文化有着较深入的洞察力，对于线上社交所引起的焦虑与孤独感也有着深刻的认识。她认为，现代社会，科技发达，社交软件让人可以更便捷地交朋友，但同时也让人变得更孤独。而社交网络的本质是一种“自我中心主义的单薄社交”。

为什么这样说呢？因为线上社交虽然可以提高沟通效率，但实质性的沟通内容并不多。随着通讯录里的好友越来越多，实际上的沟通却越来越少。平时发私信最多的不是推荐、广告，就是请求帮忙点赞等缺乏实际意义的内容。虽然社交工具上有海量的信息被分享，好友们也几乎24小时在线，但真正经常会交流的人其实并不多。

线上社交会让很多人产生一种“始终有人陪伴”的幻觉，可事实上那些“陪伴”你的线上好友，很少会与你沟通交流。因此，线上社交越来越热闹，内心的孤独感却越来越明显。

幻觉二：“我的朋友总比我拥有更多的朋友”。

儿童时代，父母口中“别人家的孩子”总比我们优秀。可事实上，父母在表达这个观点的时候，陷入了一种错觉——大多数孩子都是普通的，只是极少数的孩子十分优秀，他们拉高了“优秀”的平均值，所以才让父母觉得“别人家的孩子”总比我们优秀。

线上社交同样会让我们产生一种“多数错觉”。比如，我们在估计别人的好友数量时，会不自觉地采用“平均数”这个指标。大多数人拥有少量的朋友，只有少数人拥有大量的朋友。这些少数拥有大量朋友的人，会拉高平均水平，让我们错误地以为“别人的朋友都很多”。

同样的道理，当你在社交网络上看到许多朋友都在推销某件东西，即使在整个网络上那种行为并不普遍，但由于“多数错觉”的存在，也会给网络营销带来不可思议的效果。比如，抖商不断推广某款口红，在朋友圈营造一种“很多女人都在用”的错觉，哪怕真正用的人很少，也会让很多人产生“多数错觉”。

幻觉三：“我总是被关注的那个人”。

不可否认，线上社交在很大程度上减少或弱化了空间和时间上的障碍，即时沟通打破了距离和时间的局限性。同时，我们还可以利用碎片化时间进行线上社交，而不需要像线下社交那样，花费较多的时间和精力。虽然线上社交更加方便快捷，但真正的有效社交却并不多。

很多人在频繁的线上社交中，都会产生一些以自我为中心的幻觉，比如“我总是被关注的那个人”“我的声音总能被听到”“我身边有很多双眼睛正看着我”。可事实上，在网络上与你聊得热火朝天的人，可能在线下你们并没见过；那些给你朋友圈点赞的人，你们可能并不熟悉；每个节日里送来祝福的“小甜心”，可能也只是群发……

这样的线上社交，很容易让我们产生一种“我有很多朋友”的幻觉，但只要离开网络世界，那些无效的社交关系便暴露无遗了。

“纽约客”的心理学专栏作者 Maria Knnikova 曾说：“互联网具有使人疏远的天然属性。”

尽管线上社交能让我们认识更多朋友，建立更多的弱关系，但与线下社交相比，其无效社交的成分还是居多。所以，我们需要正确看待线上社交——既要看到积极的一面，也不要被一些幻觉误导。真正有效的社交往往是线上社交和线下社交联动的，仅凭线上交流建立起的弱关系，很多都是不牢靠的。

## 从虚拟现实重返真实世界的新收获

如果是在十年前，有人问你“网络世界是真实的还是虚拟的？”，想必你会不假思索地回答“是虚拟的”。但是，如果现在有人问你同样的问题，你还会说“是虚拟的”吗？

随着互联网技术的快速发展，网络世界与现实世界之间的界限已经越来越不清晰了。这种情况就像VR技术营造的“虚拟现实”一样，网络世界也渐渐变成了现实世界的一部分。这样说来，有朝一日，线上社交会不会取代线下社交呢？

答案是否定的。因为目前线上社交主要有三种方式：一是点赞式社交，彼此没有实质性交流，只是通过点赞、评论等互动方式建立认同感与存在感；二是分享式社交，以分享生活、观点、信息为主，经常出现在朋友圈或其他社交分享平台上，但很少会聊天；三是交流式社交，彼此会有一定的联系与了解，平时会聊天，亲密程度与聊天频率成正比。

无论是哪一种线上社交方式，如果仅仅停留在线上，也会因为缺乏现实生活中的触碰而无法真正地认识对方。我们所了解的“那个人”，也并不是全部的他。每个人都可以在社交网络平台上构建一个虚拟的“自我形象”，比如，朋友圈发的文案、照片、短视频等，都是在构建虚拟的“自我形象”。而这种“自我形象”与现实中的自己可能存在很大不同。

如果你们的线上交流变少了，最后甚至不再联系，那么你很快就会遗忘这个人，因为有关于这个人的回忆并没有真实的生活片段，因此比线下社交更容易被割舍和遗忘。线上社交无非是打字、语音、视频等，而线下能一起做的事情却更多、更丰富，比如，可以一起吃饭、看电影、玩桌游和剧本杀等。线上社交更多的只是满足精神上的陪伴，因为可以不受空间限制，但从某些方面来说，线下社交会更好。所以，建立弱关系的过程中，不要一直局限于线上社交，而应该有一个从线上到线下的过程。

当我们从虚拟现实重返真实世界之后，会有哪些新的收获呢？

首先，我们能够感受到真切的陪伴。与线上社交的感受不同，线下社交能够让我们感受到真切的陪伴。这种陪伴是面对面发生的，是可以亲眼看到、亲耳听到、亲手触碰到的，具有真切感。这种真切感是线上的打字、语言、视频交流所无法代替的。

其次，能够获得积极的情绪。线下社交还能获得更多的积极情绪，还能在一定程度上减小我们的内心压力。因为线下社交多以兴趣爱好等活动为主，无论是运动游戏，还是休闲娱乐，都能够让我们获得积极的情绪体验。这也是线上社交难以达到的效果。

最后，能对彼此有更多的了解。如果想要全面、真实地了解你的线上好友，就要从线上走向线下，只有通过线下社交才能更多、更真实地了解对方。因为在线上社交过程中，人们完全可以塑造一个脱离现实的完美的“自我形象”。对于某些人来说，线上与线下可能是截然不同的两个人。

当然，线上社交能够让我们有机会认识更多的人，有机会建立更多的弱关系，能够极大的满足我们被认同、被需要的情感需求。但是，如果想让彼此之间有更深入的了解，有更多的联系，甚至从弱关系转化为强关系，则需要从线上走向线下，从虚拟走向真实。

## 关系要“弱”，但不能积弱

### 用投资的眼光去控制社交成本

我们在建立人脉关系的时候，应该像投资家一样计算好成本与收益，这样才不容易让自己亏损。要知道，我们需要投入的社交成本也很高，而且每一次社交都是一次投入。

成本效益本来是经济学问题，简单来说，就是我们在一个经济行为中投入了多少成本，以及得到了多少收益。如果成本大于收益，则表示亏损；如果收益大于成本，则表示盈利。

在日常社交活动中，我们需要投入哪些成本呢？

时间成本：用在社交活动中的所有时间，都是我们投入的时间成本。

经济成本：参加社交活动，请客吃饭、休闲娱乐、日常花费等，都是金钱成本。

精力成本：管理已有人脉，拓展新的人脉，都要投入一定的精力。

资源成本：我们能够提供给对方的有效资源。

情感成本：人是有感情的动物，建立人脉关系也要投入自己的情感。

除了以上这些社交成本，还有其他方面的投入。这些成本都是我们在社交活动中需要投入的。虽然社交的成本很高，但又是生活中不可避免的投入。因为我们不可能没有社交，更不可能“空手套白狼”，在不付出任何成本的情况下就能收获人脉关系。不过，我们可以像投资家一样“精打细算”，尽量降低自己的社交成本。

## 有时候，多个朋友未必多条路

在人际交往中，大多数人都坚信这样一个观点，那就是“多个朋友多条路”。这个观点根深蒂固，几乎是从小就开始被灌输的，深深地扎根于很多人的思想中。其实，这个观点也没有错，毕竟多结交一些朋友，多融入一些圈子，自己也有了更多的人脉与资源。

很多人在年轻的时候，为了拓展人脉关系，只要遇到陌生人，或者似熟非熟的人时，都想和他们成为朋友，想以此来拓展自己的人脉圈。不过，随着年龄的增长，随着经历的增多，我们在交朋友的过程中，总会遇到一些“意外”，有时多个朋友未必多条路，可能多的是麻烦。

上学时，大家的功利心还没那么强，可能会因为兴趣、性格等原因成为真正的好朋友。但在进入社会之后，人的功利心变得越来越强，彼此能够建立起友谊，大多都是因为利益上的诉求。所以，大部分人来到你的身边，和你成为朋友，其实都有某方面诉求。当然，我们说的是大部分人，而不是全部。因为也有人会不抱任何诉求，与你成为朋友。

如果成年人的友谊大多建立在利益与诉求上面，那么结交朋友的时候，并不是越多越好，而应该有所选择。中国有一句话叫“见贤思齐”，意思是说，看到德才兼备的人，要努力向他看齐，让自己也变得同样优秀。

我们在积累人脉的时候，也要“见贤思齐”，而不能盲目交友。通常情况下，我们应该考虑到自身的需求，无论是为了挖掘自身的潜力，发挥自己的特长，让自己的优势变成财富，还是为了改正自己的缺点，弥补自身的不足，让自己的竞争力得到提升，又或者是为了让自己的事业获得更好的发展……无论出于何种需求，都应该有一个明确的目标。

如果你希望挖掘自身的特长，锻炼自己的长处，就要先确定自己的优势在哪里，然后根据自己的优势结交相关的朋友，靠近那些与自身优势相关的圈子。比如，你喜欢美食，就可以加入一些美食团；如果你喜欢踢足球，就可以加入足球俱乐部。

也许有人会认为，自己主动和那些比自己优秀的人来往，会有一点“巴结”别人的意思，甚至是攀龙附凤、趋炎附势的表现。其实，我们这样想是多余的。牛顿曾经说过：“只有站在巨人的肩膀上，你才能成为巨人。”我们去结识一些比自己优秀的人，并不是攀龙附凤、趋炎附势，而是为了让自己也变得优秀起来。正如畅销书《圈子对了，事就成了》中说的一句话：“一个人要想获得成功，除了自己的努力，还需要找到自己的凭借，找到乘凉的大树。借势、顺势、造势，因时而动，因势利导，方能成事。”

人脉圈子也分形式上的圈子和实质性的圈子。有的朋友能够聚在一起，往往只是为了吃喝玩乐，寻求乐趣，比如一起喝酒、泡吧、打麻将、打游戏等，长时间待在这样的圈子中不仅浪费了宝贵的时间，还会让人逐渐养成享乐的习惯。而当真正的困难出现时，这些圈子里的人却无法给你切实的帮助。

因此，我们不能把精力都放在形式上的劣质圈子里，而应该将心思放在具有实用性的优质圈子中。实用性的优质圈子哪怕一个月只聚会一两次，但是在聚会中多谈论的是工作心得，交流的是有效的信息，或者彼此引荐一些有帮助的“圈中人”。这样的圈子才是有用的圈子，才是优质的圈子，这样的圈子不仅可以让我们随时提升自己的能力，补充各方面的缺失，更能在我们需要帮助的时候为我们提供最实际的帮助。

## “垃圾人”“隐形人”“僵尸粉”

在建立各种弱关系的过程中，我们必须明白一个重点，那就是关系可以“弱”，但是不能“积弱”。哪怕只是建立弱关系，也要有一定的选择性，并不是人人都可结交。

下面列举三种不值得结交的人：

第一种是“垃圾人”。

近几年，“垃圾人”的名声越来越响亮，几乎受到全球抵制。所谓“垃圾人”，就是那些围绕在我们身边、缺乏建设性、不断损耗和影响我们的人。他们可能是我们的同事、客户、朋友，也可能是与我们有着某种社交连接的陌生人，比如，社交软件里的某些好友。在现实生活和工作中，他们损耗了我们的心力，浪费了我们许多本该用于有效社交的时间。

“垃圾人”也分种类，通常有以下几种类型：

分享欲过强的人。他们总是想要和别人分享各种事情，无论是为了博取关注还是为了晒幸福、晒悲伤，他们的目的只有一个，就是希望所有人能够一起体验他的感受。

“抱怨症患者”。他们最典型的特点就是把别人当成“情绪回收站”。如果有人总爱在你面前抱怨对生活、对工作、对各种事情的不满，你出于礼貌倾听了几次，他还不厌其烦地向你抱怨，那只能说明他把你当成“情绪回收站”了。

不断向你求助的人。这种遇到困难就求助于你的人，你帮了他第一次，还会有第二次、第三次……无休止地需要你帮助他，比如，向你借钱、让你出主意，甚至主动出面帮他解决问题。直到你觉得自己付出足够多了，并拒绝他的求助时，他便开始说你不够朋友，甚至开始诋毁你。

利己主义者。什么事情都只想到自己，以自己的利益为主，只能同甘苦，不能共患难。

以上这几种“垃圾人”，在建立弱关系时一定要及时排除。如果他们已经躺在你的通讯录里，也要及时认清并清理掉。因为他们除了损耗你的时间和精力，不能给你带来任何益处。

第二种是“隐形人”。

“隐形人”是指那些隐匿于社交圈子，几乎不会出现在线上交流或者线下交流中的人。虽然他们曾以朋友的身份出现在你的社交圈子里，但因为种种原因，他们渐渐销声匿迹了。

“隐形人”同样分成几种类型：

不更新朋友圈，不发表任何个人动态，甚至不会点赞或评论朋友的动态的人。即使在网络社交平台上也几乎见不到他们的影子。如果不是偶然想起，他几乎等同于不存在。

朋友聚会上从来见不到他们的影子，哪怕受到朋友的盛情邀约，也会找各种理由拒绝的人。

社交恐惧症患者。他们害怕出现在任何社交场合，害怕受到他人的关注，害怕别人对自己做出不好的评价。于是，他们成为社交中的“隐形人”，因为这样更能获得安全感。

人缘关系不好的人。他们受到大家的排斥，因为存在感越来越低，自然变成了“隐形人”。

第三种是“僵尸粉”。

“僵尸粉”是指网络社交平台上不活跃的或者虚假的用户，一般分为两种：

恶意注册的不存在真实用户的虚假账号，一般被用于刷高文章的点赞数、增加微信公众号粉丝、恶意刷票等行为。

微信好友账号删除后留下的“僵尸粉”，比如A删除了B的微信好友，那A就是B的僵尸粉。微信好友有上限，而部分人也有删除单向好友的需求，如此也就产生了朋友圈经常出现的“清理僵尸粉”的说法。

## 平衡存量与增量人脉，合理分配社交精力

每个人的精力都是有限的，尤其在数字化时代，我们每天都给自己上了紧紧的“发条”，按部就班地学习、生活、工作以及社交。然而，面对与日俱增的学习压力、生活压力、工作压力以及社交压力，我们的精力却“捉襟见肘”。

如果不想自己精疲力竭，就要合理地分配精力。在社交上投入的精力也需要合理安排，最好能够做到“平衡存量与增量人脉”。

有人曾说：“存量思维是穷人的思维，增量思维是富人的思维。”拥有存量思维的人，只会盯着自己手中少得可怜的蛋糕，生怕被抢人了，也生怕自己会吃完；而拥有增量思维的人，一直在思考如何创造更多的蛋糕。

“罗辑思维”创始人罗永浩曾经说过这样一个故事：美国传奇歌手莱昂纳德·科恩在74岁的时候遭遇到人生中的巨大打击，他的经纪人骗走了他的所有钱财。所有人都以为莱昂纳德·科恩会因此崩溃，甚至一蹶不振。然而，这位意志坚定的老人只是淡淡地说道：“只要我提着吉他出门，不就会有钱吗？只要接着录唱片，然后做全球巡演，钱不都能赚回来吗？”

莱昂纳德·科恩的这种思维便是典型的增量思维——钱不是存出来的，而是赚出来的。无论何时何地，都不要放弃改变和增长的可能性。如果他抱着存量思维生活，觉得自己大半辈子的钱被骗了，那么肯定会经受不住打击的。

在社交中，我们也要平衡存量与增量人脉，合理地分配自己的社交精力。

首先，对于自己已经建立的人脉关系，要学会分类管理。人的精力有限，不可能将精力用在所有的人脉关系上，因此必须划分出“重点人脉”。

目前世界上最流行的人脉资源分类方法主要有两种：

根据人脉资源的重要程度可划分为：血源性人脉资源、后天性人脉资源、核心层人脉资源、紧密层人脉资源、松散备用层人脉资源等。

根据人脉资源所起作用的不同可以划分为：政府人脉资源、金融人脉资源、行业人脉资源、技术人脉资源、思想智慧人脉资源、媒体人脉资源、客户人脉资源、高层人脉资源、低层人脉资源等。

我们要把有限的社交精力放在“重点人脉”上，也就是最重要的、作用最大的那群人身上。

其次，我们也要有增量思维，要学会不断建立新的人脉关系。如果只靠旧的人脉关系，很容易出现“人脉枯竭”的情况，因为已有的人脉会不断流失。为了让人脉保持平衡、保持永久的活力，我们就必须不断建立新的人脉关系。

所以，我们要做好精力规划，用存量思维去管理已有的人脉资源，用增量思维去拓展新的人脉资源。在精力分配合理的情况下，平衡存量与增量的人脉。这样才能让自己拥有稳定的、平衡的、活力旺盛的人脉圈子。

## 掌握脱身术，让不重要的关系自然转淡

我们在建立弱关系的时候，最忌讳的一点就是不断“积弱”。有的人际关系并不重要，不能给我们提供实质性的价值，

只会消耗我们的能量，比如有的人只会抱怨生活，好像他生命中的一切就没有令他满意的。我们本来大好的心情，也会被这种以自我为中心、负能量满满的人弄得乌云密布，内心很多光明快乐的东西都被折腾没了。这种消耗型人际关系在我们的社交生活中非常普遍，比如酒肉朋友等。

我们需要的是滋养型人际关系，它能够为我们提供价值，促进我们不断成长。和这类型的朋友聊天，能够让我们获益匪浅，因为他们总能给我们启发及灵感，让我们茅塞顿开。

每个人的时间都很宝贵，精力也很有限。消耗型人际关系好比泡面，不健康、没营养，空耗着我们的时间和精力，属于无效社交。经济学上有个词叫“及时止损”，对于那些不重要的、不断消耗我们的人，我们一定要趁早远离。

那么，我们应该如何从不重要的人际关系中脱身呢？

第一步，慧眼识“糟粕”。

一个人对于你来说是否重要，是否有存在的价值，需要你慧眼识别。识别的标准一般有两个：一是其他人对于他的评价，如果大家对他的评价普遍很差，那么你就不要奢望他可以在你这里表现良好；二是我们自己的主观感受，如果他总是惹你生气，破坏你的好心情，让你感到身心俱疲，那他存在的意义就不大。

第二步，渐渐远离。

大张旗鼓地绝交、割袍断义的行为确实有点过激，你要做的仅仅是减少主动联系与被动回应。对于那些不断叨扰你的人，最好的方法就是视而不见。假如他们知趣，便会主动放弃对你的“纠缠”。

第三步，断然拒绝。

如果仍旧有一些不知趣的人还在试图维系你们的“友情”，经常提出一些过分的要求和请求，这时候你千万不要模棱两可、含糊其辞，一定要立场坚定、语气明确地给予回应，表明你的想法和态度，让对方知难而退。

作家罗兰曾经说过：“交朋友不是让我们用眼睛去挑选那十全十美的，而是让我们用心去吸引那些志同道合的。”这个世界上并没有十全十美的人，也没有十全十美的社交。但出现在你朋友圈子里的人，必须要有存在的意义，否则就要学会脱身，让自己远离无意义的社交。

## 过度社交，反而事倍功半

### 被排斥与被孤立的人

在社交网络时代，结交朋友变得特别简单，打个招呼、唱一首歌、玩一局游戏、倾听一段情感、点赞或回复一下评论，彼此就可以成为朋友。如此“高效率”的社交，最后往往导致你的好友过多。但在不计其数的好友里面，真正有价值的好友并不多。因为在社交网络上的快速社交，虽然有交朋友的过程，却缺乏关系的运营。这样一来，即使拥有了不少“好友”，也会因为缺乏交流而渐渐失去好友的价值。

社交网络为我们提供了更多发展弱关系的机会，但真正被我们利用起来的弱关系并不多。现实中的社交也是这样——很多人努力挖掘各种弱关系，希望和更多的人成为朋友，于是频繁地出入社交场合，与多不胜数的人交流。最后非但没有建立多少实质性的人脉关系，反而让自己身心俱疲，甚至被越来越多的人排斥、孤立。

其实，这些人不是缺乏社交，而是过度社交了。过度社交不仅会浪费大量的社交成本，而且回报甚微。因为过度社交往往发展出许多“泡沫人脉”，也就是缺乏经营、只有表象没有实质价值的人脉关系。而且到最后你会发现，真正被排斥和被孤立的人，并不是那些缺乏社交的人，而是那些过度社交的人。

每个人都不想被排斥，更不想被孤立，但由于过度社交，以及其他一些原因，很多人都在不知不觉中被朋友排斥和孤立了。那么，我们应该如何去辨别自己是否被排斥、被孤立了呢？

第一，在信息方面是否互通有无。

那些与你真诚交往的人，一定愿意把自己知道的信息告诉你，无论是一些稀缺信息还是生活中的“小道消息”。如果他们不愿意告诉你任何的消息了，说明你们之间的关系已经慢慢疏远了，而你有可能正在被排斥，或者正在被孤立。

第二，是否信任你，是否对你有所提防。

社交的基础就是彼此信任。如果对方不再信任你，对你疑神疑鬼，甚至总是对你有所提防，并且因此产生了很多矛盾与误会。这也说明你正在被排斥或孤立。只不过，你自己不知道其中的原因，甚至没有意识到对方的不信任。

第三，有聚会的时候是否会邀请你参加。

如果你正在被排斥或者正在被孤立，那么有一些社交圈里的聚会，可能不会有人邀请你参加，或者只是礼貌性地邀请一下，而你总是最后一个被通知的。即使你参加了聚会，也会被疏远和冷落。

当我们意识到自己正在被排斥、被孤立的时候，首先应该做的就是自我反思。俗话说："无风不起浪。"任何一件事，都有前因后果。如果你是一个诚信、靠谱、有价值的人，别人为什么会排斥或孤立你呢？

## 刺猬效应：关系越亲密，越会受伤害

很多人以为，与朋友保持的距离越近、接触越密切，关系就越稳固。但事实上，每个人都需要一定的个人空间，无论是亲人、朋友、恋人，都不能过度亲密，否则只会"刺伤"

对方。在心理学上，这种保持距离的相处方法被称为“刺猬法则”。

“刺猬法则”说的是在一个下着大雪的冬天，两只小刺猬因为寒冷而抱在一起，想要彼此取暖。但它们的身上长满了尖刺，抱得太紧反而会刺痛对方。为了能睡得舒服点，既能彼此获得温暖，又不至于刺痛对方，它们不断地尝试着彼此接触的距离。它们反复调整了好几次，终于找到了一个最适当的距离，让它们既能够感觉到彼此的温度，又不会被对方所刺伤。

人际交往中的“刺猬法则”，也被称为“心理距离效应”。法国的戴高乐总统就是一位很懂得运用“刺猬法则”的人。他曾说：“仆人眼里无英雄。”意指人与人的交往要留有余地，即相应的心理距离，如果失去这种距离，那么再伟大的人也会变得平凡。戴高乐总统正是善于利用这种心理距离的人，所以他很好地制约着身边的人，让自己的形象不断高大起来，从而迫使对方服从命令。

美国著名人类学家爱德华·霍尔博士认为，双方的人际关系和他们所处的情境将决定他们的自我空间范围。从这个定位出发，人与人之间有四种心理距离：

第一，亲密的距离，也叫作零距离。

拥有亲密距离的人一般是贴心朋友、家人或是恋人。如果把不该属于亲密距离的人带入这个区域，无论对方出于怎样的目的，都会造成负面的影响。这种影响会在人的内心产生排斥感，在很多方面都会让双方陷入尴尬之中。如果有人想要进入这个区域，那么双方就需要长时间的接触。对任何人来说，这个区域都是非常重要的，绝不能经易向别人暴露。

第二，个人间的距离，也叫分寸感距离。

这个距离仅限于熟人之间的交往，只有认识并熟悉彼此的两个人，才能出现在这个区域内。当两个人碰面之后，相互握手，或是友好交谈，或是微笑示意，这个区域的人会控制好自己的言行，有分寸地靠近。

这个心理距离是理智的距离，也是容易让人产生心理侵犯的区域，很多思维的控制就是在这个区域产生的。因为人本身会对外来的事物有天然的排斥，这种排斥是与生俱来的，主要是出于自我保护的目的，所以想要突然进到零距离的范围内是不可能的，但是进入这种理智性的距离中是可以的。

第三，社交上的距离，也叫正式的距离。

这个距离是友好者的距离，是一种过渡性的距离，因为双方之间不会产生太多的交集，往往是一面之缘，或是在某些场合经常碰面，但是不会刻意相处。这个距离是从不认识到认识的一个临界点，人们在工作场合、社交聚会上的见面便是这样的情况。这种距离使双方都有能够控制自己思维的力量，也是一种友好的表示。

如果有人刻意接触你，试图从你身上或是他人身上弄清楚一些事的时候，对方的目的将变得不再纯粹。不能忽略的是，在这个区域内，单纯的语言和行为无法影响到双方的行为特点，观念性的东西更是会保持在一定的距离之内。但是，如果地位不对等，那么这种心理上的距离将得到消除，最终依靠强大的气场和人格魅力，使别人接受自己的观点。

第四，公众间的距离，即不可联系的距离。

处于这个距离的两个人不会发生太多的联系，基本属于陌生人的状态。因为在足够开放的空间内，人的思想将拥有更多的选择性和自由性，一旦交往得到限制和制约，那么就不可能产生交集，也就没有思想的碰撞和意识的博弈。公开演讲者常常具有蛊惑性，这种蛊惑性让操控成为可能，只要有自主意识，这种蛊惑也就失去了力量。

在人际交流中，关系越亲密，越会受到伤害。因此，我们要正确区分每一种心理距离的界线，把不同的人放在最适合的距离上，这样才能让彼此的关系变得更明朗、更舒适。

## 别让工作关系和私人关系频繁交叉

过度社交还有一个很重要的表现，就是工作关系和私人关系频繁交叉。我们知道，工作要讲究秩序与规则，而私人关系的出现，往往会打破这种秩序与规则。所谓“人情难以推脱”，而“规则不能打破”。当公事掺杂私事，我们便陷入了两难的境地。

工作上的事情，就要按照工作上的规章制度来执行，如果因为私人关系而违反规章制度，肯定是行不通的。所以，我们一定要处理好工作关系与私人关系，要学会正确地说“不”。这不是没有人情味，而是做事有原则和底线。

如果某位同事与你私交甚好，他请求你帮忙忽悠老板，然后方便自己出去办私事，这忙你会帮吗？显然，这是不正确的事情，万万不能做。

如果某位同事是你的大学同学，他总是不厌其烦地找你帮忙，希望你帮忙做一些原本属于他自己的工作。如果你不懂得拒绝，那么你可能就会没有自己的休息时间，更严重的是自己的工作可能也完成不了。

由此可见，我们不能让工作关系和私人关系频繁交叉，否则只会让工作关系和私人关系都一团糟。那么，我们应该如何处理好工作关系与私人关系呢?

第一，工作时间别和同事谈私事。

如果你正好在忙工作，而同事过来找你聊私事，你应该礼貌地告诉他“工作忙完再谈”。因为谈私事会影响你的工作，甚至让你无法按时完成工作任务。当然，如果同事有非常紧急且重要的事情，你可以先把工作放一边。

第二，不要把工作上的事情与私交混为一谈。

我们一定要把公事和私事分清楚，两者不能混为一谈。比如，工作中出现了问题，我们就事论事就好了，不要因此随意评判他人，千万不要把工作中的情绪带到生活中。当然，工作中的问题可以在私下一起商量、解决，这样还能够增进彼此的感情。

第三，不要利用私人关系干扰别人工作上的决策。

很多人都喜欢用私人关系干扰他人工作上的决策，比如，他们常说“我们是好朋友，你要相信我”“我们是多年的老同学，我不会害你的”等。这样的干扰，只会让对方更难抉择，因为不听你的建议，肯定会影响彼此的私交；如果听了你的建议，万一错了又不好意思责怪于你。

第四，要学会拒绝不合理的请求。

对于在朋友、同事、同学等私人关系下提出的不合理请求，我们也要学会拒绝，不能因为私交好就“欣然接受”。或许有人会觉得，拒绝很简单，直接说“不”就行了，但只顾着表达不情愿，拿捏不好分寸，伤害了对方的情感，有可能影响你们的关系。

因此，我们要学会有技巧地拒绝，比如，让对方了解到你为此会付出的成本和代价，指出对方的行为对你造成的负面影响，纠正对方觉得你可以轻而易举地提供帮助的错误认识。所以说，只是简单的拒绝是不行的，最好能够给对方提一些有用的建议，间接地帮助对方。

# 第六章

# 在高价值区里做正确的事

# “你好”之后该说些什么？

## 先从总是能秒回消息的人开始

在没有互联网的时代，想要传递某种信息，需要很长一段时间。但总有人愿意等，也愿意以同样“缓慢”的方式去回复、去回应。这是那个时代的局限性——虽然需要漫长等待，但总有人愿意那样等，不是被迫无奈而是自我选择。

如今在网络信息数字化时代，人们可以不受距离上的限制，随时随地进行即时沟通。无论是发送信息，还是回复信息，都简单便捷了许多。不过，当人们可以及时回应的时候，却不一定会及时回复。所以，很多人以消息回复的快与慢来判定一个人是否在乎自己。

贴吧里曾经有个热门问题："现代人交往，对方做什么事情，才能让你产生安全感？"

回帖中点赞最高的回答是"及时回复，有问有答"。评价下有人追问："如果对方正在忙，或者因为其他原因没有看到呢？"作者回复说："真正在乎你，靠得住的人，是不会轻易缺席你们的任何一次对话的。"

确实，没有秒回信息可能有各种各样的原因，但抛开这些原因不说，更多的情况下，其实是可以秒回的。那些故意晚回信息，甚至不回复的人，多半是靠不住的。

所谓"秒回"，就是看到对方的信息后马上回复，就像面对面聊天一样无缝衔接。这样一来，对方才会产生一种被尊重、被重视的感觉。一个人是否值得深交，仅从回复消息这个小细节就能够看出。所以，在建立弱关系的过程中，可以先从秒回消息的人开始……

秒回消息的人未必真正在乎你，但是真正在乎你的人往往会秒回消息。当他们看到你的消息时，往往会马上回复，甚至会停下手中正在做的事情回复你。但如果他在忙碌，或者没有看到消息，就无法秒回了。所以，看一个人是否真的在乎你，判断标准不是看他是否秒回信息，而是看他看到消息后是否及时回复。

正在玩手机的人会秒回你的消息。有时对方可能正在玩手机，所以秒回了你的消息，但这并不代表对方有多么在乎你，只能说对方尊重你。这类人也可以建立弱关系，但不能期望过高，毕竟他的秒回可能只是因为碰巧在玩手机。

整天无所事事、流连于社交软件的人也会秒回信息。在乎你的人会第一时间回复你的消息；尊重你的人会在看到消息的那一刻礼貌性地回复你；但整天无所事事，一天 24 小时在线的人同样会秒回你。

对你有“非分之想”的人，同样会秒回信息。在所有秒回信息的人中，有的是真心实意地想要和你沟通交流做朋友，但有的人却是有目的性地秒回你的消息。

村上春树曾经说过：“你要记住大雨中为你撑伞的人，黑暗中默默抱紧你的人，逗你笑的人，坐车来看望你的人，陪你哭过的人，总是以你为重的人。”

我们应该珍惜那些秒回信息的人，同时也要甄别对方为什么可以秒回信息，是因为真诚、在乎，还是另有企图，或者只是别人有秒回的习惯而已。只有懂得对方秒回信息的真正意图，才能建立起有效的弱关系。

## 唤起关注、输出关注、传递关注

关注是人类情感的“基础建筑”之一。我们想要获得友情，想要得到爱情，想要建立信任感，都离不开相互关注。有时，对一个人的关注，还能满足对方的虚荣心，进而获取实质利益。

在网络时代，“关注”不是指关心重视，或者用眼睛去看某人、某事，而是一个“订阅选项”，是关心、了解、重视一个人或一件事情的“信息入口”。

社交网络的基本图谱其实十分简单，用网友调侃的话来说就是：“好友、关注、收听、转发……”不管你在哪个国家，只要有互联网，只要注册一个社交账号，就仿佛在一夜之间“被社交”了。接下来需要做的，就是唤起关注、输出关注、传递关注。

唤起关注。在互联网社交中，唤起关注的最好方法，就是全面地展示自己。首先，在你希望唤起关注的社交账号上尽量完整地填写个人信息，包括个人基本资料、个人网站、工作学历、优点与需求等。你要传达出去的最重要的信息是——“你能够做些什么”“你需要什么”。这些完整的信息不仅能使你获得更多人的信任，还能让那些对你感兴趣的人快速搜索到你。

在讲究高效率的社交网络中，保持神秘感并不一定是好事。虽然人们会对神秘产生兴趣，但不一定愿意花费时间去了解。对于建立弱关系来说，就是如此残酷——相较于花费大量时间、耐性和专注去了解一个人的内涵，不如在几秒钟的时间迅速对一个人做出最初的判断。

输出关注。弱关系中有一种情况就是被关注度越高的人，他们在发言中谈论自己私事的内容就越少，而是能够聚集一些热点话题，发出自己独特的见解。所以，如果你想更好地“输出关注”，让更多的人主动关注你，那么就要在你原创、分享或转发的信息中少说一些毫无意义的“口水话”，或者写一些自言自语的“心情日记”。

那些总是站在聚光灯下，总能吸引众多目光的“社交明星”是如何“输出关注”的呢？一是偶尔流露出真性情，但不会表现出无聊、空虚和浮躁的一面；二是把主要精力投入到热点话题和时事新闻中，参与讨论，引发众人的共鸣。

传递关注。这是社交网络中最应该注意的一点——你的社交账号上不应该只有一些日常琐事的记录，也不应该只有回复或转发的内容，而应该有一些“传递关注”的内容，勇敢地表达自己独一无二的观点。如果缺乏有创意、有价值的观点，那么很难引起关注，更难获得认同。

那些拥有独立见解的人，在现实生活中更能获得极大的关注度。比如，你在工作中经常表达自己的独特见解，同事和老板对你的信任度和关注度就会提升。他们会更愿意让你去解决一些问题，让你拥有更大的发挥空间。相反，没有自我观点，缺乏独特见解的人，无论在生活中，还是在工作中，都极度缺乏关注度，甚至慢慢就变成了“透明人”。

如果你能够成为某个领域的专家、某项研究的发言人、公认的权威人，自然会比普通人获得更多的关注。这类人不仅吸引力强大，而且拥有的弱关系资源也十分雄厚，甚至会有很多稀缺资源主动找上门来。所以，当你在某些领域拥有真知灼见，具有自己的独特见解时，一定要用恰当的方式表达出来，这也是“传递关注”最有效的方法。

当然，如果盲目地在自己的简介中直接加入“专家、大师、教授”等头衔，也不见得是聪明的做法。毕竟，社交网络也能够甄别出虚假信息。

## 直线沟通和曲线沟通

沟通是生活中最平常的事，但真正把“沟通”理解到位并且完美实施的人并不多。大多数人仍旧被沟通问题所困扰，在社交中常常因为不懂沟通而发生误会、矛盾，甚至是争吵。在信息爆炸的现代社会，沟通方式的多样化也无法从根本上提高人们的沟通力。

那些不懂得沟通之道的人，仍旧在人际交往中处处碰壁，尝尽了苦头。而那些掌握了一定沟通技巧的人，在人际交往中则游刃有余，几句简单的话语就能说明道理，让听者获益匪浅，让沟通达到满意的效果。

那么，我们如何在建立弱关系的过程中，与人正确沟通呢？有两种最简单的方法，那就是直线沟通与曲线沟通。

什么是直线沟通呢？顾名思义，就是像直线一样进行沟通，不拐弯抹角，不拖泥带水，直接表达内心的所思所想。我们知道，两点之间最近的距离是直线，两个人最容易拉近距离的沟通是直线沟通。在进行直线沟通时，需要注意三个问题：

第一，要引起对方的情感共鸣。直线沟通能直截了当地表达自己的内心，引起对方的情感共鸣。一个富有感染力的人懂得有感而发，让自己的情绪有力地感染对方，并且引导对方的情感发生相应的变化。如果缺少感染力，即使你说一百句话、一万句话，在别人听来也只是无色无味的陈述，或者空洞的说教，沟通效果也会大打折扣。

第二，说话要有逻辑。这是人人都懂的道理，特别是在直线沟通中，如果思维逻辑出现问题，很容易被对方轻视。一个人有逻辑，说话才有条理，才能更好地表达自己，引起共鸣。

第三，表达要真诚。既然是直抒胸臆，那么至少要让对方感受到真诚。如果对方感受不到我们的诚意，恐怕也就不愿意花费时间听我们废话了。

什么是曲线沟通呢？就是在不方便“有话直说”的情况下，婉转地表达自己的想法。实际上，很多时候我们都没必要直接把话说透，选择直话弯说，委婉地表达自己的意思，才是最佳话术。此时直的是人心，弯的是策略，侧面迂回的套路更符合大众心理，也是人际交往的制胜之道，不知不觉间会帮助我们建立一种不同与以往的人际局面。

那么，曲线沟通的方法有哪些呢？

预设前提。在暗示中预设前提，可以不露出任何蛛丝马迹就让对方认为这是他自己的观点。通过话语蕴含的前提加以暗示，可以不着痕迹地让人认为这个主意是他自己想出来的，让人下意识地按照你的想法去做。我们委婉地说“这项工作，他比我们都有经验”表达的是“这项工作交给他去办”。我们委婉地说“我比较擅长为大家倒酒”表达的是“我不喝酒”。

巧妙暗示。巧妙暗示就是不直接说明行事主体，委婉含蓄地进行表达，比如，“把事情办好了，对于你们都会有好处的”，意思是说“事情办好后，我会给你好处”。避免提及行事主体，含蓄地把有关意思表达出来。

旁敲侧击。有些话题如果说得太直白，往往会影响彼此的关系，所以从侧面巧妙地点拨，委婉地表达自己的意见或者对他人的看法，这样可以避免伤害到对方。

总之，无论是直线沟通还是曲线沟通，都是为了表达自我，传达信息，获得认同感。

## 找准需求点，传递自身价值

### 成为别人的“随机而遇”

弱关系中有一个很重要的“随机而遇”法则，即我们随机遇到的任何一个人，都有可能与我们建立某种联系，比如，现实生活中或者网络世界里的泛泛之交，在某个饭局上偶遇并相聊甚欢的陌生人，在社交平台上有过短暂互动的网友等。这些人具有“随机而遇”的特点，与我们仅仅存在一定的弱关系，但是在未来却有可能给我们带来意想不到的巨大帮助。这便是弱关系的“随机而遇”法则。

很多时候，弱关系的产生都具有极强的随机性和触发性。在每个人的生活中、工作中、休闲娱乐中、社交网络中，都存在各种各样的“弱联结”。只不过，有的人完全忽略了它们的存在，而有的人却发现了，并且与其发展为弱关系。

“弱联结”是如何出现的呢？肯定不是人们“预谋”的，也没有规律可循，更没有一个按部就班的过程，“弱联结”是一种“不理性”的存在。比如，我们在社交平台上添加了某位好友，或者因为某篇文章而关注了一个公众号，或者因为某个视频而关注了一位短视频博主等。我们就这样与他们有了“弱联结”，并且渐渐发展为弱关系。“弱联结”从开始产生的时候，就具有随机性的特点，不是个人有意识地联结成的。

通过这些“随机而遇”的弱关系，我们能认识更多的人、知道更多的公众号和个人网站。每一种弱关系都像人脉的“中转站”，它们相互联结，又不断扩展，与你形成各种新的弱关系，在你面前展开了一张无限巨大的人脉关系网。

如此一来，世界变小了，我们甚至可以在这张人脉关系网中随机认识更多的人。从理论上说，也能够获得这些弱关系中的所有信息。

既然弱关系具有很强的“随机性”和“触发性”，那么，我们如何利用这两种特性，让自己成为别人“随机而遇”的人呢？方法很简单，就是让自己具有独特价值。

我们可以在脑海中构建一张社交图谱，然后找到自己的方向与坐标，如何做到这一点呢？只要明白三个问题就行了：我能给别人提供什么；我自己需要什么；我是如何评价自己的。这三个问题能够帮助我们准确定位自己，以及明确自己的社交方向。

在弱关系的世界里，既要积极主动地拓展弱联结，又要提高自己的独特价值，吸引别人主动与我们产生联结。我们时刻都要谨记一点：能够吸引他人的是个人的独特魅力，是个人的独特价值，是个人能够为他人提供的东西。

所以说，只有不断提升个人魅力与个人价值，才能更容易成为别人“随机而遇”的人。

## 为什么没人给你的朋友圈点赞？

每当我们发完朋友圈动态后，都希望获得好友们的点赞，因为点赞意味着被关注、被认同、被赞许。不管是为了满足自己的虚荣心，或者为了体现自身的价值，我们总希望自己的朋友圈动态能有更多人点赞。然而，残酷的现实是，很多人的朋友圈动态无人问津，点赞数也少得可怜。为什么会出现这样的情况呢？

答案很简单，就是这些人发布的朋友圈动态不能给他人提供和传递任何价值。对于毫无价值的东西，为什么要关注和点赞呢？其实，只要我们打开这些人的朋友圈，就不难发现，他们发布的朋友圈动态，无非以下几种：

第一，大多是一些没有意义的东西。比如，去哪里玩了、吃什么东西了、买什么衣服了、生什么病了等日常琐事，看起来更像是自言自语的生活记录。

第二，不能给他人传递实质性的价值。如果别人看完你的朋友圈动态后，一点感想都没有，那他为什么要点赞呢？哪怕能够给对方一点感动、一点启发，也算是有价值的东西。

第三，广告或内容低俗。随着微商队伍越来越庞大，朋友圈也渐渐变成了“广告天地”。还有的人总爱各种“秀”，“秀车”“秀房”“秀红包”，让朋友圈动态越来越低俗。这些都是别人不想点赞的原因。

社会就像一个大染缸，形形色色什么样的人都有；朋友圈也是如此，鱼龙混杂，什么样的动态都能看到。有多少人会给你的朋友圈点赞，从侧面就能看到你有多大的价值。

牛津大学进化人类学教授罗宾·邓巴有一个有趣的“邓巴数字”理论，即人的大脑新皮层大小有限，提供的认知能力只能使一个人维持与大约150个人的稳定的人际关系。也就是说，无论你在社交网络上有多少好友和“粉丝”，你能频繁交流的最多也就150人左右。

所以，每个人的“好友名额”都是有限的，为什么要浪费时间和精力去维护一种没有价值的人际关系呢？为什么要给那些毫无价值的朋友圈点赞呢？只有能产生和传递价值的朋友圈，才会被更多地点赞。

## 穷人眼中的100元≠富人眼中的100元

在建立弱关系时，最重要的一点就是找准对方的需求点，量体裁衣、投其所好。因为每个人的需求不同，价值观也不一样——穷人眼中的100元≠富人眼中的100元。

如果能够正中对方下怀，刚好满足了对方的需求，那么弱关系的建立将变得异常简单。这个世界上，谁不喜欢那些满足自己内心需求的人呢？

1954年，马斯洛在《动机与人格》一书中提出了“需求层次理论”：人有五种最基本的需求，从低到高分别是生理需求、安全需求、情感需求、尊重需求和自我实现需求。

当一个人的较低需求被满足之后，便会出现更高层次的需求。比如一个人同时缺乏食物、安全、尊重与爱，那么他对于食物的需求肯定是最强烈的。因为他的意识都被饥饿占据着，所有的力量都会用来满足对于食物的最基本需求。在这种情况下，获取食物成了人生中最重要的事情。只有满足了最基本的生理需求和安全需求，人才会想到更高层次的尊重与爱。

下面我们来分析一下“马斯洛需求理论”中的五大需求。生理需求：人类最基本的需求，比如水、食物、睡眠等；安全需求：只有在安全的环境中，人才能正常地生活、工作、恋爱和社交；情感需求：每个人都希望得到关心和照顾，感情上的需求比生理上的需求来的细致，它和一个人的生理特性、经历、教育、宗教信仰都有关系；尊重需求：尊重的需求可以分为两种——内部尊重和外部尊重——内部尊重是指人的自尊心，是一个人希望自己在不同情境中都有实力、有威信，充满自尊自爱和自信心，外部尊重是希望受到别人的尊重，受到社会的认可；自我实现需求：在马斯洛的“需求层次理论”中，最高层次的需求是“自我实现需求”，包括一个人的理想、抱负、自我价值的彰显与实现等。

通过“马斯洛需求理论”，我们可以牢牢地把握住对方的需求，从而投其所好，满足对方的需求。这样一来，对方会更加乐于和我们成为朋友，甚至将我们当成人生知己。

在弱关系中，这样的理解与满足，更能彰显出我们自身的价值。当我们满足了对方的需求之后，不仅打通了人脉关系，更获得了对方的信任与好感。比如，你是一位中层管理者，既满足了下属的需求，又满足了上级的需求，自然会获得下属的拥戴与上级的器重，让自己在两级关系中游刃有余，进而立于不败之地。

## 多源触点，成为人际关系和稀缺信息的中转站

你有没有想过，如何才能成为社交圈子里无可取代的存在？如何才能发展更多的弱关系？如何才能在社交中游刃有余？方法其实很简单，只不过做起来很难。那就是让自己成为圈子里的“多源触点”——既是人际关系的中转站，又是稀缺信息的中转站。

首先，我们要让自己成为人际关系的中转站。我们不仅要学习建立人脉、拓展人脉、经营人脉，更要懂得利用人脉。这就好像我们努力赚钱、努力存钱，但我们可以用钱去赚钱。这不就是经济学中的复利思维吗？

当我们拥有较广的人际关系之后，自然而然就变成了人际关系的中转站。因为人们可以通过我们认识更多的朋友。哪怕我们只是人际关系中的中转站，仍旧具有无可取代的作用。因为人们只能通过我们的引荐、介绍，才能让两个人产生联结。如果没有我们的存在，两个人将很难产生联结。中国有一句话："朋友的朋友是朋友。"如果我们想要和"朋友的朋友"产生联结，不可能直接跳过"朋友"这个中转站。所以，让自己成为人际关系的中转站，也是占据社交制高点的一种明智的做法。

其次，要让自己成为稀缺信息的中转站。现代社会，谁拥有稀缺信息，谁就拥有了无限发展的潜力，而想要获取这些稀缺信息并不容易。所以"稀缺信息中转站"就显得很重要了。

现代经济学理论告诉我们，价格是商品和资源稀缺性的信号——如果商品供不应求，那么价格可以上调；如果供大于求，那么价格要下降。这也是我们常说的"物以稀为贵"。

这些都是市场销售中的"艺术"，如果运用得当，确实能够给企业带来订单增长。为什么奢侈品的"贵"不会受到质疑呢？因为每一个手袋、每一只手表，都有"贵"的理由：它有自己的品牌地位；它有全球标准的顶端设计；它的数量稀缺。

以上三点足以体现出奢侈品的价值了。

同样的道理，在人际交往中，如果我们能够成为稀缺信息的中转站，能够给他人提供圈子里较为稀缺的信息，那么我们的存在感将会大大提升。

事实上，任何一个人想要成为社交圈子里无可取代的存在，都应该意识到稀缺信息的重要价值。如果我们能够给他人提供他人没有的稀缺信息，那么我们的价值就会远远高于他人。

## 寻求价值交换的不同方式

有人说，人脉不是积累出来的，而是交换出来的，甚至可以把有效人脉的本质总结为四个字——价值交换。这个观点并没有错。很多人脉关系的建立，即使是弱关系的建立，都讲究价值交换，也就是你拿出一部分价值去交换对方的一部分价值。这种交换讲究是的“互惠”，但不一定是等价交换。

很多人在建立弱关系时总是强调“等价交换”。如果价值交换不是等价的，就意味着会有人吃亏——不是自己吃亏，就是他人吃亏。这样的想法看似很有道理，比如，在商业性的人际关系中确实如此。但在生活和工作中，要实现“等价交换”

并不容易。

我们要明白，生活和工作的本质不是交换价值，而是更好地解决问题，更好地把握人生，更好地认识世界。我们需要互惠互利，更需要合作共赢，尤其当一个人能力有限的时候。

真正高层次的“价值交换”，是相互交换信息，开阔彼此的视野，增长各自的见识。所以，我们可以进行“价值交换”，但不能要求“等价交换”，更不要觉得自己在社交中付出的多了就是吃亏。相反，更多的付出其实是在给人脉做投资，对弱关系的拓展也是有益的。

那么，我们应该如何正确地进行“价值交换”呢？

首先，通过“互惠原理”进行“价值交换”。“互惠原理”在生活中的表现为：别人给予你了，你就给予别人；别人剥夺你了，你就想办法剥夺别人；别人怀疑你了，你也开始怀疑别人；别人爱你了，你也开始爱别人。“互惠原理”能够有效提升影响力，应用到现实生活中就是——我们希望得到他人帮助之前，先帮对方一个小忙，这样得到他人帮助的可能性就会大大提高了。这也是一种“价值交换”。

其次，通过“合作共赢”实现“价值交换”。人类文明的进程告诉我们，个人英雄主义的时代已经成为历史，未来人类将迎来社会化大生产时代。那时候，合作意识对于社会及个人的发展都至关重要。无论一个人还是一个群体，想要获得成功，都离不开合作。合作既是将众人的力量聚集在一个点上，也是不同道路所指向的同一个终点。同时，在合作过程中，双方的价值也得以体现。

最后要知道，在进行“价值交换”的时候，也要有自己的原则与底线。我们不要求自己一定要进行“等价交换”，但也不能一直是自己付出更多而得到更少。只有相对稳定和平衡的“价值交换”，才能让双方建立长久而舒服的弱关系。

## 创造长期合作的机会

英国戏剧家萧伯纳曾说：“倘若你有一个苹果，我也有一个苹果，而我们彼此交换苹果，那么我们仍然各有一个苹果。但是，倘若你有一种思想，我也有一种思想，而我们彼此交流这些思想，那么我们每人将各有两种思想。”

“合作”两个字对于任何人来说都不陌生。合作就是人与人之间为达到共同目的彼此相互配合的一种联合行动、方式。当今社会讲究的是合作共赢，个人英雄主义早就行不通了。如果一个人要想获得更多，必须要学会分工，与人合作，与人分享。

如果能够创造长期合作的机会，也就意味着建立起了一种长期、稳固的人脉关系。

首先，我们必须明白，合作的基础是共赢，而共赢的基础是资源共享。一个人要想获得更多，必须学会与人分享。因为分享越多，收获也越多。任何个人都没法担当全部，一个人的价值体现在与别人相互帮助的基础上。许多时候，与他人分享自己拥有的，我们才能认清自己的位置和方向。而且，你在分享的同时，也会收到别人的分享，这就是资源互换。

当然，只有我们分享的资源是有价值的，对方才会愿意与我们长期合作。

为什么我们往往更认同那些在自己擅长的领域内有所成就的人呢？因为很多人都会迷信权威，比如，人们喜欢听巴菲特谈股市上的风云变幻，喜欢听霍金谈宇宙膨胀和光速，喜欢听任正非谈华为是如何打入国际市场的……当这些大佬在谈论自己所擅长的领域内的知识时，大多数人都会频频点头："说得真有道理！"相反，如果让巴菲特谈宇宙、暗物质，其效果可想而知。

除了分享有价值的资源，我们还要学会组建自己的团队，与队友建立长期合作关系。

人们常说“众人拾柴火焰高”，很多事情一个人无法做到，可是一个团队就能轻易做到。一些小公司、小企业在激烈的竞争中受到各种排斥倾轧，被冲撞得七零八落，虽然靠着顽强的毅力一直支撑着，但也很难形成气候，可是利用圈子的力量却能搞出大事情。

尤其当我们还处于弱势地位时，想要在残酷的竞争中站稳脚跟，就必须团结身边的人，联合众多微弱的力量，站在统一的阵线上，共同出击，以群蚊噬象的姿态去迎接各种挑战。

最后，在合作的基础之上，还应该营造一种良性竞争的氛围。无论是在竞争关系之中还是在合作关系中，一方取得了胜利，就意味着另一方的失败，这种非黑即白的策略并不完全适合人类社会。因为你的胜利必定会让对方陷入失败，同时也会让自己陷入危机中。所以，竞争的最好结果就是追求“共赢”。

现代社会，每个人都拥有同样的机遇，你身边的朋友也有可能变成你的竞争者。面对这种情况，你既要保证彼此的情谊不受到损害，又不能失去进步的机会。

朋友与对手看似相互对立，其实并不冲突，将朋友当作竞争对手，不仅能够促进彼此间的良性竞争，还能够让彼此都获得进步。这时候，无论朋友还是对手，都变成了你人生中的一面镜子，时刻提醒你要善于反省，不断突破自我。

## 极具网感的超级传播介质

### 蜘蛛布网的智慧

蜘蛛最喜欢捕食苍蝇、飞蛾一类的小昆虫，它们捕食的方法也特别简单，就是结一张透明的蛛网，然后“守网待虫”，只等猎物自己送上门来……不过，蜘蛛并不是每天都守在网上等待猎物上门，而是将一根细丝的一头连接到自己休息的地方。这样一来，只要蛛网上有一点点风吹草动，蜘蛛就能接收到信息，迅速赶到现场。蜘蛛的这种获取信息的方式，无疑是最简单的、最快捷的。

那么，作为人类的我们，又该如何获得自己想要的信息呢？

或许有人会说，在科技飞速发展、互联网遍布全球的情况下，只要通过信息手段，不就能够获得自己想要的任何信息吗？事实上，即使在互联网飞速发展的今天，我们能够从互联网上获取的信息也是十分有限的。

因为真正稀缺的、有价值的信息，都被加密或者拿来出售了。很多有用的信息，我们需要付费购买，而一些价值较高的信息，即使付费也买不到。我们能够在互联网上检索到的信息，大多都是庞杂且价值不高的大众信息。

当我们需要获取某种信息时，除了通过信息手段获取，还可以通过人脉关系。人脉关系中存在的信息量，可能远远超过很多人的想象。所以，我们不妨学习一下蜘蛛布网的智慧，给自己绘制一张人脉关系网。这样，我们就可以通过人脉关系网获得各种各样的信息了。

有一句话说："一人成木，两人成林，三人成森林。"这和蛛蛛布网是同样的道理：一条成线，两条交错，三条成网。人脉关系的建立也是一个缓慢积累的过程，就像蜘蛛布网一样，是一步一步完成的，是一条一条编织的。

尽早积累人脉关系，对于未来发展极为重要。这和蜘蛛布网也是同一个道理——早一点布网，就能早一点捕获猎物；早一点建立人脉关系，就能早一点获得资源。

很多人不知道蜘蛛布网的过程：它们首先会向空中抛出一根长长的“搜索丝”，任其随风飘荡，直到“搜索丝”找到一个结实的连接点，然后再进行接下来的布网工作。因此，对于蜘蛛来说，布网的第一步是利用“搜索丝”找到一个连接点。接下来是通过这个连接点，将一根根蛛丝连接起来，形成一个巨大的蛛网。这就是所谓的连接力。

在人类世界，连接力就是将自己放入这三个网络中，与他人、与组织、与社会构建连接，彼此合作，使各种优势实现互补，进而获得整体优势，提升个人的价值。

然而，在现实生活中，很多人却不懂得利用连接力去组建人脉、获取信息，更不知道将连接力向着对自己有价值的方向发散出去。很多人只知道埋头工作，将自己放在某个岗位上，每天赚着固定的工资，与他人、与组织、与社会的连接少得可怜。

有的人之所以在能力和资源相等的情况下，发展得更好，其实就是充分利用了连接力。

我们想要寻求发展，想要建立各种弱关系，就必须学会连接。我们应该看清一点——网络社会的本质就是价值与资源的交换。我们生活的时代就像一张巨大的蛛网，只有让自己处于连接或被连接的状态，才能立足发展。独立存在的人，迟早会被吞噬或淘汰。

事实上，与社会保持连接也很简单，比如，我们看到一篇很有价值的文章，觉得不错就点赞了，这便是一种连接——因为共同的观点而连接在一起。如果我们再将文章分享出去，又会产生更多的连接。我们甚至可以将直播带货看成是一种连接——通过新型行业带动常规行业，最后实现共赢。所以，我们不知不觉也会与社会产生各种连接。在这样的背景之下，我们更要主动、有意识地与他人、与社会产生更多的连接。

这是一个最好的时代，也是一个充满连接的时代。在未来，人们的连接会越来越紧密。无论是各种弱关系、稳定的人脉圈，还是各种社交网络，都会将我们连接在一起。因为有了连接力，合作共赢的机会将变得越来越多。

蜘蛛布好网之后，还要不断地维护、修补。人脉也是如此，需要我们经营、修补和拓展——我们需要经常和“蛛网”上的关键节点进行沟通交流，有漏洞要精心修复，还要不断拓展新的人脉关系，让蛛网始终保持活性。这样才能更好地捕获到猎物。

总之，我们可以学习蜘蛛布网的智慧，像蜘蛛一样布网，寻找坚实的连接点，一步步结成人脉关系网，然后去经营、修补和拓展，最终得到自己想要的“猎物”。

## 善用专业人脉圈里的三度联结

网络上曾有这样一句流行语："每个与你擦肩而过的路人，或许都是别人做梦都想见到的人！"每天与我们擦肩而过的人，除了是路人，还有可能是各路精英、鬼马天才，也有可能是伯乐，反正他们不只是路人甲、乙、丙、丁。

在这个世界上，有95%的人用自己的能力给别人打工，这些人被称为普通人；还有5%的人懂得整合他人的能力为自己做事，这些人被称为成功者。

普通人做事都习惯亲力亲为，在判断一件事情能不能做时，通常会想到自己的能力够不够。如果自己能力不够，就会选择放弃。但做任何一件事情，只能依靠自己的能力吗？

一个好汉三个帮，一个篱笆三个桩。成功者之所以能够做成一件事情，自己的能力可能并不是绝对的因素，但是他们懂得以结果为导向来完成这个目标——如果自身能力有限，他们便会整合他人的能力作为资源从而达成目标。可见，成功者之所以成功，就是因为他具备人力资源管理的能力。

普通人喜欢独自埋头摸索，因此耗费了大量时间和精力。同样的道理，我们也不要只使用员工的能力，事业要想做大，就一定要把格局放大，借鉴企业的外包思维，把专业的事交给外部的专业人士去做，对他们的能力进行整合。这样不仅可以解放自己的劳动力，节约精力和时间去做自己擅长的事情，还可以与自己的能力结合，创造出巨大的成果，化解一个个危机，度过一次次难关。

一个能够借助他人的能力做事情的人，才拥有真正的智慧。当我们步入社会，没有了父母、亲人、朋友等强关系的庇护，就要学会向其他人寻求帮助。建立弱关系的目的不正是如此吗?

如果你是一个比较明智的人，那么一定懂得如何善用专业人脉圈里的三度联结。

什么是专业人脉圈呢?显然，称得上“专业”的人，其实并不多。我们可以将专业人脉圈理解为“某个领域里的专业人才”——他们肯定具有特殊的才能，有特殊的价值。

我们怎样才能找到这些专业人才，并与其结成盟友，最终形成自己的专业人脉圈呢?

专业盟友肯定是我们经常会征询意见的人，我们相信他们的才能与判断力。我们愿意主动分享机会，并且希望能一起把握机会的人，就是我们的专业盟友。那个愿意当众夸赞我们，会捍卫我们的尊严，在困难时愿意帮助我们的人，同样是盟友。而我们也会以同样的方式夸赞和帮助他。我们拥有互补的优点与兴趣，在我们职业生涯的初期，专业盟友会帮我们拓展人脉、规划未来。找到这些专业盟友，与其组成高价值的人脉圈，仅仅这样还不够。因为只有拓展更多的弱关系，才能产生更多的新信息和新机遇。所以，你还要不断建立新的弱关系，不断增加人脉的广度与多元性。当你在职业生涯中转换跑道时，这些关系会显得尤为重要。当你需要更多全新的、有价值的信息，当你想要认识不同领域的人时，这些关系会给你最大的鼓励。

这时候，你就需要利用专业人脉里的“三度联结”了。那么，什么是“三度联结”呢？

第一度联结指你的盟友、弱关系，以及你现在认识的其他人；第二度联结指“朋友的朋友”，也就是第一度联结里的人所拥有的人际关系；第三度联结指第二度联结里的人所拥有人际关系。

由此可见，专业人脉圈里的“三度联结”十分强大。它扩展开来，就是一张巨大的人脉关系网络。所以，当我们想要拓展人脉圈，想要建立更多弱关系时，便可以通过朋友介绍，去认识第一度联结里的“朋友的朋友”，甚至是第三度联结里的“朋友的朋友的朋友”。

不过，做这些事情有一个前提，就是让朋友信服。

## 跨界融合：利用辐射效应扩大营销网络

很多人都曾有过“跨界”的经历。从本质上来说，“跨界”是资源的整合、融合，通过自身资源的某一特性与其他表面上不相干的资源进行随机的搭配应用，可放大相互之间的资源的价值。

简单来说，跨界就是利用辐射效应扩大营销网络。跨界不是只靠自己一个人就能完成的事情，跨界有时还需要借助身边的人或资源。因此，跨界还有一个关键点，就是拥有社交思维。

如果你要跨入某个全新的领域，正好又认识这个领域内的高级人才，他自然会给你极大的指引和帮助。这也是很多创业者重视人脉积累的原因。哪怕你没有这个领域的朋友，也不得不和这个领域的人成为朋友，因为你不可能不与人合作交流。

跨界中的社交思维，就是与全新领域的人打交道，向他们学习，和他们成为朋友。如果跨界者缺少应有的社交思维，可能就只会在全新的领域里处处碰壁。其实不仅跨界，创业者在任何时候、任何阶段，都应该有意识地培养自己的社交思维。

当你在一个领域获得了成功，不要停滞于此，你应学会将自己的成功归零，然后跨界到另一个领域，只有这样的“空杯心态”才能不断刷新自己的起点，才能获得一次又一次的成功。

有格局与没有格局的人区别在哪里？前者眼界开阔，不会只看到自己的成败与得失；后者眼中只有自己，总是沉溺在过去的成败与得失之中，目光十分狭隘。

“空杯心态”又被称为“归零心态”，如果你想拥有更大的格局，获得更大的成功，就不要固步自封，在一个领域停滞不前，而要将自己想象成“一只空着的杯子”，只有将自己归零，才能持久保持不减的激情，才能时时跃升。

如果一个人长期处于同样的环境中，做着类似的事情，那他的大脑很容易陷入固定的思维模式中，从而失去创新的可能性，而跨界融合，往往有机会诞生创新。在这个瞬息万变的商业社会中，创造价值与新意的最大源泉就是跨界融合。

如今，更多超级品牌转向跨界融合，所以当你听到身边的朋友说“去范思哲喝咖啡，去香奈儿餐厅吃饭，乘坐阿玛尼的游艇”时，千万不要吃惊，也不要觉得朋友是异想天开，因为大牌跨界，业务延伸，让这些事成了可能。比如，著名的zippo集团，早在几年前就在青岛的万达广场开了一家服装店。没错，那就是zippo男装。所以你不要以为zippo单就是打火机品牌，其实它已跨界做服饰。

那些认为zippo只是制造打火机的人，其实已陷入了固化的思维模式中。

固化的思维模式对于一般的工作和学习都是有益处的，它能够让你在处理同类问题时少走弯路。不过在全新的时代，遇到全新的问题，需要创新的时候，它又会成为一种束缚，阻碍你突破陈旧的观点，找到新的解决方法。

现代社会日新月异，我们只有不断给大脑充电，不断涉足全新的领域，学习全新的知识，结识全新的人，建立全新的人脉关系，才有创新的可能。如果不懂得给大脑注入全新的思想，你就无法摆脱已有的条条框框，更无法获得全新的动力，也就不能创造性地解决问题。